冰雪上的思政课

弘扬北京冬奥精神　勇担新时代体育人光荣使命

首都体育学院"以体育人"大思政课丛书

冰雪上的思政课

弘扬北京冬奥精神
勇担新时代体育人光荣使命

首都体育学院　组编

中国发展出版社
CHINA DEVELOPMENT PRESS

图书在版编目（CIP）数据

冰雪上的思政课：弘扬北京冬奥精神　勇担新时代
体育人光荣使命 / 首都体育学院组编. —北京：中国
发展出版社，2023.9
ISBN 978-7-5177-1387-6

Ⅰ.①冰… Ⅱ.①首… Ⅲ.①冬季奥运会—大学生—
社会服务—工作概况—北京 Ⅳ.①G811.212

中国国家版本馆CIP数据核字（2023）第171658号

书　　　名：冰雪上的思政课：弘扬北京冬奥精神　勇担新时代体育人光荣使命
编　　　者：首都体育学院
责 任 编 辑：钟紫君　梁婧怡
出 版 发 行：中国发展出版社
联 系 地 址：北京经济技术开发区荣华中路22号亦城财富中心1号楼8层（100176）
标 准 书 号：ISBN 978-7-5177-1387-6
经 销 者：各地新华书店
印 刷 者：北京华联印刷有限公司
开　　　本：889mm×1194mm　1/16
印　　　张：13
字　　　数：268千字
版　　　次：2023 年 9 月第 1 版
印　　　次：2023 年 9 月第 1 次印刷
定　　　价：88.00元

联 系 电 话：（010）68990535　68360970
购 书 热 线：（010）68990682　68990686
网 络 订 购：http://zgfzcbs.tmall.com
网 购 电 话：（010）68990639　88333349
本 社 网 址：http://www.develpress.com
电 子 邮 件：10561295@qq.com

首都体育学院"以体育人"大思政课丛书

编 委 会

丛书总主编：何　明　张　霞

本书主编：李春治

编委会成员：何　明　张　霞　李春治　陈丽萍

翟伯晨　祝　莹　李　萌　周林清

朱永国　张智侠　靳　卓　苏　婧

马一丹

以挑戰者精神拼搏創新

TO PERFORM TO THE VERY BEST OF OUR ABILITIES
TO CREATE INNOVATIVE IDEAS IN THE SPIRIT OF CHALLENGERS

前　言

党的二十大报告指出："培养什么人、怎样培养人、为谁培养人是教育的根本问题。育人的根本在于立德。"首都体育学院建校67年来，始终坚持社会主义办学方向，为全国输送了10余万名又红又专的优秀体育人才。学校坚持把立德树人成效作为检验一切工作的根本标准，坚持用习近平新时代中国特色社会主义思想铸魂育人，不断完善"大思政"工作体系，高质量推进"大思政课"建设工程，健全完善以"以体育人"为鲜明特色的"三全育人"工作体系。深入挖掘冠军精神、服务国家队经验、奥运精神等思政元素并将其融入课程内容，以"体育＋爱国主义、文化传播、公益服务"等创设教学情境激发学生思考，形成课堂、教材、课程平台等多渠道、多载体、全要素的体育育人培养过程，最大限度地激发学生的内在潜能，引导青年学子成长为德智体美劳全面发展的社会主义建设者和接班人。

学校将陆续把"以体育人"思想政治工作的实践经验进行总结凝练，形成"首都体育学院'以体育人'大思政课丛书"，作为阶段性工作的一个总结，也为后续全面推进"大思政课"综合改革提供借鉴，推动学校"以体育人"思政工作特色越来越鲜明、"'以体育人'大思政课"工作品牌越来越响亮、"三全育人"工作成效越来越扎实。

《冰雪上的思政课：弘扬北京冬奥精神　勇担新时代体育人光荣使命》全面讲述了首都体育学院师生服务2022年北京冬季奥林匹克运动会、冬季残疾人奥林匹克运动会（以下简称"北京冬奥会和冬残奥会"）工作的生动事例，是学校师生传递奥运精神和梦想的实践纪实。

首都体育学院校训石雪景

首都体育学院雕塑雪景

首都体育学院建校 67 年来，始终与奥林匹克事业在中国的飞速发展相伴相随。2008 北京奥运会周期，学校奥林匹克教育执行团队、管理服务团队、志愿者团队等 2000 多名师生直接参与奥运服务工作，多个集体和个人受到北京市委、国际奥林匹克委员会、国家体育总局等单位表彰。2021 年 6 月，依托首都体育学院建设"北京国际奥林匹克学院"获国际奥林匹克委员会和中央编办批复，并于北京冬奥会和冬残奥会开幕倒计时 50 天之际成功揭牌，成为世界上第三所由国家政府决定成立的国际奥林匹克学院。这是北京市委市政府赋予学校的重大政治任务，作为"双奥之城"的重要遗产，北京国际奥林匹克学院正在以教育力量不断提升"双奥之城"国际影响力，树立奥林匹克教育北京样板。2022 年北京冬奥会和冬残奥会筹办以来，学校大力弘扬奥运精神，勇担新时代体育人光荣使命，始终将服务保障冬奥会、冬残奥会的筹办举办作为首要政治任务，"主动对接、积极作为、不计代价、全力以赴"，以跑秒计时的状态、压线冲刺的干劲儿，举全校之力做好各项服务保障工作。

北京冬奥会和冬残奥会筹办及举办期间，学校共派出学生志愿者 376 人，转播培训项目（BTP）师生 43 人，越野滑雪、高山滑雪、雪车雪橇等项目竞赛国内技术官员（NTO）34 人，冬奥会赛事演职人员 160 人；选派借调冬奥组委直接开展工作人员 20 人、志愿者领队及驻地管理人员 14 人、科技冬奥服务保障人员 31 人、冬奥会官方报告编撰团队 15 人、冬奥会火炬接力手 3 人等数百名师生。同时还有留守学校的幕后英雄，他们在行政、后勤、场馆、餐饮、保卫等岗位默默地为奥运奉献着热情与力量。2022 年的寒假和春节，他们秉承"以挑战者拼搏创新"的校训，放弃休息，放弃与家人团聚，选择了坚守，选择了奉献，只为一个共同的信念和目标——不计代价、不负使命，全力以赴服务保障好北京冬奥会和冬残奥会。

2022 年北京冬奥会和冬残奥会已画上圆满句号，在新冠疫情等风险挑战下，中国向全世界呈现了冬奥会、冬残奥会的独特魅力，圆满兑现了"两个奥运，同样精彩"的中国承诺，为世界奉献了一届简约、安全、精彩的奥运盛会！首都体育学院师生也为这场举世瞩目的盛会贡献了不可或缺的力量！本书正是希望通过挖掘服务冬奥的育人元素，讲好体育故事，从中传递铸魂育人的力量，让体育精神浸润首都体育学院的学子之心，激励一代又一代首都体育学院人继续以奋斗之姿为奥林匹克事业发展、为体育强国建设贡献力量！

首都体育学院校园雪景

首都体育学院校园凉亭雪景

目　录

第一章

志愿者踏雪出征，在冰雪盛会中绽放青春光彩

北京冬奥会和冬残奥会开始招募志愿者之后，首都体育学院学生参与服务冬奥的热情高涨，报名人数达 1300 余人，占在校可参与学生总数的 2/3。经层层面试选拔以及测试赛的锻炼和考察，共 376 人进入了最终志愿服务名单。赛事期间，他们分别在国家体育场、国家体育馆、国家速滑馆、国家游泳中心、首都体育馆、五棵松体育中心、首钢滑雪大跳台中心、北京颁奖广场、延庆雪车雪橇中心和延庆颁奖广场 10 个场馆开展体育、媒体运行、庆典仪式、开闭幕式 4 个领域的志愿服务。他们在各自岗位上用专业的素养、认真的态度、昂扬的精神面貌，将中国青年火热的激情和"奉献、友爱、互助、进步"的志愿精神传递给全世界。一段段志愿服务背后的感人故事、精彩瞬间被中央电视台、新华社、《北京日报》等主流媒体广泛宣传报道。志愿者们不负嘱托，不负厚望，为自己留下了美好的回忆，为母校赢得了声誉，为冬奥奉献了力量。国际奥委会主席托马斯·巴赫先生对志愿者们的服务工作给予了高度肯定和赞扬。

全力以赴，不负重托

首都体育学院冬奥服务保障团队庄严宣誓

2021 年 12 月 16 日，在北京冬奥会和冬残奥会开幕倒计时 50 天的重要历史时刻，首都体育学院隆重举办冬奥服务保障誓师大会。

会上，在党委书记何明的带领下，全体校领导及来自学校冬奥会和冬残奥会国内技术官员（NTO）、裁判团队、科技助力团队、转播培训项目（BTP）团队、志愿者团队、开闭幕式演职人员团队和校内服务保障团队的 180 余名师生代表集体奏唱国歌、校歌，各团队代表在领誓人的带领下进行庄严宣誓。

在授旗仪式环节，张霞院长代表学校为冬奥服务保障团队授旗，北京国际奥林匹克学院办公室主任左伟代表团队接旗。

在北京冬奥会的最后冲刺阶段，首都体育学院师生将服务保障北京冬奥会和冬残奥会作为首要政治任务，以"主动对接、积极作为、不计代价、全力以赴"的坚定信念，用整齐响亮、铿锵有力的誓言作出庄重承诺！

何明书记在首都体育学院冬奥服务保障誓师大会上讲话

张霞院长在首都体育学院冬奥服务保障誓师大会上讲话

首都体育学院冬奥服务保障誓师大会现场

首都体育学院冬奥服务保障誓师大会宣誓现场

首都体育学院举办冬奥会和冬残奥会志愿者出征仪式

2022年1月17日，首都体育学院在北京大学生体育馆举行北京2022年冬奥会和冬残奥会志愿者出征仪式。首都体育学院党委副书记王尚忠及学校全体冬奥志愿者参加出征仪式。

仪式上，首都体育学院冬奥志愿者学生代表、志愿者带队教师代表先后发言，表示必将不负重托，用自信讲好中国故事，用热情展现大国形象，用青年担当奏响时代强音，坚决完成好冬奥志愿服务任务。在庄严的音乐声中，与会校领导为"首都体育学院北京2022年冬奥会和冬残奥会志愿服务团队"授旗。伴随挥舞的旗帜，首都体育学院冬奥志愿者们必将在接下来的志愿服务中全力以赴，为学校争光、为祖国添彩，助力北京冬奥会和冬残奥会圆满成功。

首都体育学院冬奥志愿者出征仪式现场

冬奥志愿者迎瑞雪启新程，正式出征

2022 年 1 月 23 日，在 2022 年北京冬奥会开幕倒计时 13 天之际，首都体育学院国家速滑馆（速度滑冰项目）和国家游泳中心（冰壶项目）两个志愿者团队共计 54 名志愿者不畏寒风、迎雪出征，正式踏上冬奥志愿服务之旅。

自此开始，首都体育学院 372 名冬奥志愿者将陆续步入工作岗位，在北京冬奥会和冬残奥会期间，他们活跃在体育、媒体运行、庆典仪式、开闭幕式 4 个领域，以首都体育学院人的专业和热情迎接八方来客，全力以赴保障好冬奥会和冬残奥会的顺利举行。

首都体育学院冬奥志愿者迎瑞雪启新程，正式出征

备受鼓舞，温暖人心
学校领导看望慰问冬奥服务保障师生

2022年1月31日中午，学校党委书记何明、院长张霞、党委副书记王尚忠、副院长杨琬一行来到学生服务中心，慰问留校过年的北京冬奥会和冬残奥会志愿者、体育展演人员及校内服务保障团队的值守后勤、保卫、场馆岗位的工作人员，与留校师生一起吃饺子、拉家常，畅谈参与服务保障北京冬奥会和冬残奥会的感受。

何明书记代表学校党委对在假期中依然坚守工作岗位的师生表示感谢，并向大家致以美好的新春祝福。他勉励师生要在各自的服务保障岗位上积极作为，再接再厉，以饱满的精神状态，以志在必得的信念全心投入，展现首都体育学院师生的专业水准和精神风貌，为北

首都体育学院领导看望慰问冬奥服务保障师生

京冬奥会和冬残奥会的成功举办展现担当，贡献力量。为北京市、为国家作出更大贡献！他同时要求所有人员要严格落实疫情防控相关规定，安安全全上岗，平平安安返校。

为参与北京冬奥会和冬残奥会开闭幕式等演练，百余名师生在这个假期、这个春节，放弃休息，放弃与家人团聚，选择了坚守和奉献，在校团委、研究生部、各学院、总务处、保卫部和场馆管理中心等部门的精心组织安排下留校过年、加紧排练，他们为2022年北京冬奥会和冬残奥会开闭幕式的精彩呈现做最后的冲刺。

助力冬奥，为"心"加油
首都体育学院发布冬奥志愿者心理支持保障方案

为全面呵护首都体育学院冬奥志愿者的身心健康，帮助缓解紧张焦虑情绪，以良好的心理迎接困难挑战，首都体育学院正式发布冬奥志愿者心理支持保障方案。

方案以线上与线下相结合、他助与自助相结合、个体咨询与团体咨询相结合等多种形式，开展心理健康知识培训、科普教育，进行"一对一"心理咨询服务，组织团体心理工作坊，为志愿者的服务工作保驾护航，有效助力首都体育学院冬奥志愿者以最佳的身心状态迎接冬奥会。

北京冬奥组委：首都体育学院志愿者团队专业水准值得信赖

北京冬奥组委官网以"首都体育学院志愿者团队：专业水准值得信赖"为题发文，对首都体育学院办学特色及志愿者团队工作水平给予高度肯定。

自北京冬奥会赛会志愿者招募工作启动，首都体育学院学生便展现出高涨的热情，报名人数达1300余人。学校配合冬奥组委在体育、媒体运行、庆典仪式和开闭幕式4个领域，组织了9场专业志愿者面试，并经过"相约北京"测试赛的锻炼和考察，最终选拔了390名赛会志愿者。

在正式上岗之前，首都体育学院一方面组织志愿者利用北京冬奥组委信息与知识管理平台（IKM）开展线上课程的学习，帮助学生感受冬奥魅力、理解奥林匹克精神、掌握冬奥志愿服务知识；另一方面，对志愿者结合志愿服务工作需要和学校实际情况，开展英语口语、紧急救护、奥运礼仪、国家安全、心理健康和冰雪运动技能等方面的校内培训，丰富了学生的知识和技能储备。北京冬奥会和冬残奥会期间，首都体育学院志愿者将前往国家体育场、国家体育馆、国家速滑馆、首都体育馆等10个场馆开展志愿服务工作。

随着北京冬奥会和冬残奥会的脚步日益临近，首都体育学院志愿者已经做好准备，共赴这场冰雪盛宴。他们渴望用自己的专业知识提升志愿服务水准，向世界展现中国青年的风貌。

首都体育学院志愿者团队专业水准值得信赖

首都体育学院志愿者同上一堂"冰雪上的思政课"

2022年1月23日，在首都体育学院志愿者团队即将整装出征之际，为进一步统一思想、凝聚力量，首都体育学院结合疫情防控相关要求，积极组织学生志愿者参加市委教育工委、团市委组织开展的"首都高校冬奥志愿者同上一堂课"活动。

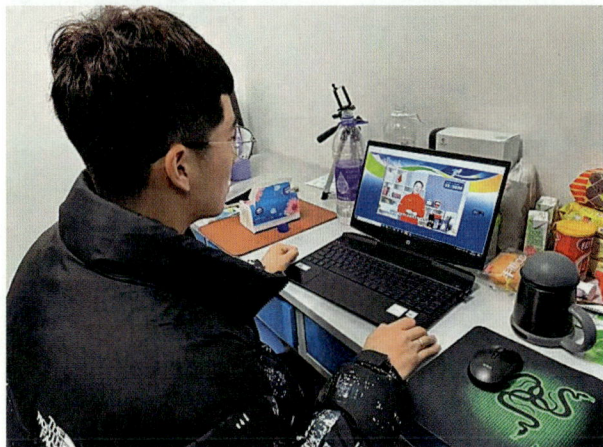

首都体育学院志愿者同上一堂"冰雪上的思政课"

参加活动的志愿者采用线上方式进行学习，认真聆听短道速滑世界冠军王春露老师讲述的赛场上的励志感人故事，上了一堂生动的"冰雪上的思政课"。学习结束后，志愿者纷纷表示，通过这次的学习，增强了自身对"奉献、友爱、互助、进步"的志愿服务精神的理解，将怀着自豪感与荣誉感在冬奥服务工作中展现好首都体育学院学子的青春风采！

整齐划一，铿锵有力
挑战者的口号响彻"鸟巢"

2022 年 1 月 27 日晚，首都体育学院冬奥服务保障团队鸟巢点位的师生首次集结。在完成全部既定演练任务后，志愿者在国家体育场外合影留念，合影时大家喊出"以挑战者精神拼搏创新"的校训口号为冬奥服务工作加油打气，口号整齐划一、铿锵有力，响彻"鸟巢"上空，势必为呈现一场"简约、安全、精彩"的北京冬奥会开幕式贡献首都体育学院人的力量。

首都体育学院有近 100 名师生参加开幕式演出，承担多项重点表演任务。他们从 2021 年 10 月起就在"鸟巢"开始了多轮紧张的排练。能够在开幕式上演出，使命光荣，责任重大，首都体育学院开幕式演出团队以最大的热情、最饱满的状态展现首都体育学院青年担当，彰显首都体育学院青年风采。

首都体育学院挑战者的口号响彻"鸟巢"

首都体育学院国家速滑馆团队准备好了

首都体育学院 30 名志愿者进入国家速滑馆（速度滑冰项目）进行岗位培训。国家速滑馆志愿者属于竞赛运行服务领域，主要工作内容包括通行控制、运动员服务、竞赛信息整理等。

为更好助力志愿者顺利完成服务任务，首都体育学院体育教育训练学院辅导员也作为驻地教师陪伴志愿者来到驻地，配合主责高校北京师范大学做好志愿者的组织管理，并通过座谈会、深度辅导等形式开展了一系列工作，深入了解志愿者的工作生活状态，全情投入，为志愿者做好服务保障。

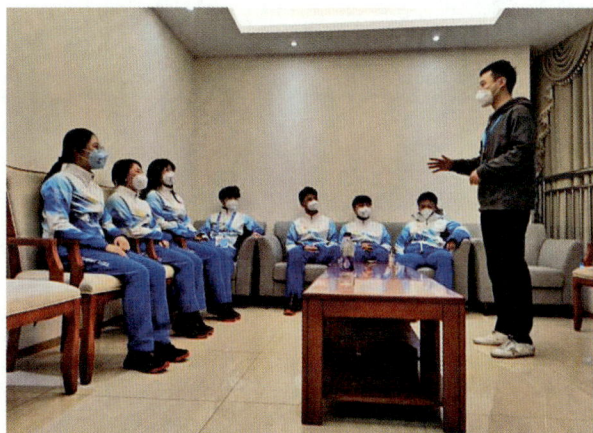

首都体育学院国家速滑馆团队准备好了

首都体育学院典礼和花样滑冰志愿者赢得称赞

北京冬奥会和冬残奥会期间，首都体育学院共派出26名志愿者前往首都体育馆参加冬奥会和冬残奥会赛事志愿服务工作，主要负责庆祝典礼和花样滑冰领域工作。志愿者克服种种困难，坚守各自的岗位，平均每人每天志愿工作8小时，有时甚至凌晨2点才返回驻地休息。在场馆工作人员、驻地教师的积极协助下，首都体育学院志愿者不怕苦、不怕累，表现优异，赢得场馆工作人员的称赞！

首都体育学院庆祝典礼和花样滑冰志愿者赢得称赞

首都体育学院国家雪车雪橇中心志愿者正式上岗

首都体育学院休闲与社会体育学院及研究生部的68名志愿者在北京冬奥会和冬残奥会期间于延庆赛区为国家雪车雪橇中心提供服务。

首都体育学院国家雪车雪橇中心志愿者正式上岗（1）

服务期间，首都体育学院延庆赛区驻地教师组织召开了志愿者工作会，组织党员志愿者积极参与线上理论学习活动，在帮助志愿者明确目标、加深认识的同时，带领首都体育学院志愿者以"同生活、共奋斗"的饱满精神状态携手向未来。

首都体育学院志愿者身披霁蓝，在服务场地成为一道亮丽的风景线，他们忙而不乱，井然有序，高效地完成工作，以最饱满的热情和最专业的服务迎接各国运动员的到来。

首都体育学院国家雪车雪橇中心志愿者正式上岗（2）

首都体育学院首钢滑雪大跳台媒体运行中心志愿者全力服务冬奥

　　首都体育学院首钢滑雪大跳台媒体运行中心志愿者进驻服务场地开展冬奥服务保障工作。随着 2022 年北京冬奥会和冬残奥会赛程的推进，志愿者在各自的工作岗位上忙碌起来，他们以最饱满的精神状态和热情投入到赛前准备工作之中，在赛程中与场馆工作人员精诚合作，虚心学习，为 2022 年北京冬奥会和冬残奥会贡献出首都体育学院人的青春力量。

首都体育学院志愿者在首钢滑雪大跳台媒体运行中心

我与冬奥共庆春

首都体育学院冬奥服务保障团队为冬奥会和冬残奥会献上新春祝福

　　虎年到，冰雪闪亮中国年！在北京冬奥会和冬残奥会即将召开之际，首都体育学院冬奥服务保障团队师生从各个服务场馆发回新春祝福，表达"我与冬奥共庆春"的喜悦心情和全力服务北京冬奥会和冬残奥会的信心决心。

首都体育学院冬奥服务保障团队为冬奥会和冬残奥会献上新春祝福

首都体育学院冰球项目志愿者投入赛事服务

首都体育学院冬奥会冰球项目 70 名志愿者在孙世琦、宗丹两位老师的带领下，进驻国家体育馆和北京五棵松体育中心，共赴 2022 年北京冬奥之约。

在志愿者进入场馆后，运动员服务领域的负责老师首先为志愿者进行了整体培训，通过"由内及外"的方式，对竞赛馆与训练馆的路线、各个国家的更衣室以及赛时更衣室进行了定点讲解，从多角度为志愿者介绍了场馆的详细信息、各个业务领域的工作内容以及志愿服务中的各类相关知识，这让志愿者们快速地进入了工作状态，令志愿者对自己的岗位工作有了初步认知，也对志愿服务有了更多热情。志愿者已然意识到，自己真正参与到了国家伟业中，正在与千万志愿者一起用辛勤工作和一腔热血为冬奥会和冬残奥会的顺利召开添砖加瓦。

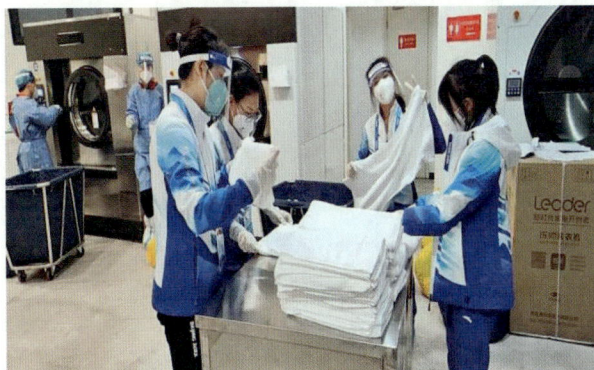

首都体育学院冰球项目志愿者投入赛事服务

首都体育学院"冰立方"志愿者率先亮相

2022 年 2 月 2 日，冰壶比赛作为北京冬奥会首个开赛项目和赛期最长的项目，在国家游泳中心（冰立方）拉开序幕。来自首都体育学院的 24 名冬奥志愿者在"冰立方"率先亮相，投入赛事服务。

冰壶设男子、女子、混合双人 3 个小项，场次最多，单日竞赛时间最长。首都体育学院"冰立方"冬奥志愿者团队也是首都体育学院服务时间最长的冬奥志愿者团队。志愿者认真完成了相关培训学习与实践演练，以饱满的热情和专业的服务，为北京冬奥会献上首体人的一份力量。

首都体育学院"冰立方"志愿者率先亮相

精彩亮相！首都体育学院志愿者身影闪耀北京冬奥会开幕式

2022年2月4日，第24届冬季奥林匹克运动会开幕式在国家体育场成功举行。首都体育学院101名师生圆满完成各环节表演和志愿服务任务，用专业和热情向全世界展示了首都体育学院青年的风采。

开幕式当天，11名师生志愿者参与国旗传递环节，与其余志愿者代表全国14亿人民向伟大祖国致敬；4名引导员化身纯洁的雪花，迈着自信的步伐款款入场，引领各国运动员登上北京冬奥大舞台；66名标兵随音乐舞动，用热情的舞步和温暖的笑容点燃全场气氛，向各国运动员递上北京冬奥志愿者最美的"名片"；7名志愿者参与致敬人民环节，共同铺开全人类心意相通、和平发展的美好画卷；12名观众互动志愿者活跃在观众座席的各个角落，用暖心的话语和规范的动作为观众指引道路，热情地与观众互动交流，共同营造了和谐而欢快的

首都体育学院志愿者身影闪耀北京冬奥会开幕式（1）

观看氛围。

圣火燃起，普天同庆。首都体育学院师生有幸在国家体育场见证并参与了北京成为历史上首座"双奥之城"，在2022年2月4日的夜晚绽放无限光芒，开启新的篇章。所有工作人员、志愿者圆满完成服务保障任务，共同为世界人民奉献了一场精彩、非凡、卓越的奥运盛会！

首都体育学院志愿者身影闪耀北京冬奥会开幕式（2）

中国首金赛场：首都体育学院庆典礼仪志愿者优雅登场

2022年2月5日晚，在中国代表团获得北京冬奥会首枚金牌的光荣时刻，首都体育学院7名庆典仪式礼仪志愿者正式亮相首都体育馆。她们气质典雅、身姿挺拔、妆发精致、精神饱满，用温暖的笑容和贴心的服务展示了本届冬奥会庆典礼仪志愿者的专业素养，同时也

首都体育学院庆典礼仪志愿者优雅登场

彰显了首都体育学院学子的良好形象。

自 2022 年 1 月 24 日首都体育学院志愿者进入首都体育馆开展赛事准备工作以来，7 名礼仪志愿者平均每天进行 8 小时的训练，往往训练到凌晨才返回驻地。在场馆老师的指导下，她们一遍又一遍地练动作、走流程，相互纠正递捧纪念品的姿势，不断调整自己的精神面貌，确保在赛场服务时能够展现出最佳的状态。姑娘们一丝不苟、精益求精的态度，获得场馆工作人员的高度评价。

首都体育学院礼仪志愿者恪守"以挑战者精神拼搏创新"的校训精神，把"奉献、友爱、互助、进步"的志愿者精神体现到志愿服务的每一个细节当中，用最饱满的热情、最认真的态度、最专业的素养来确保北京冬奥会首都体育馆庆典仪式工作顺利进行，打造首都体育学院亮丽名片，向全世界展现首都体育学院青年积极进取、奋发向上的精神风貌！

首都体育学院首钢滑雪大跳台志愿者迎来首个冬奥会比赛日

2022 年 2 月 7 日，首钢滑雪大跳台迎来首个冬奥会比赛日。首都体育学院 29 名志愿者服务于首钢滑雪大跳台媒体运行领域，在比赛期间，大家不惧严寒，坚守岗位，展现出了极高的专业素质，协助场馆顺利完成办赛任务。

其中，17 名志愿者在场馆运行团队，服务于新闻运行领域。他们在记者工作间及媒体休息区积极保障当日资格赛的正常运行，为媒体提供所需的服务；在新闻混合区按职责分工开展工作，整体运转平稳。记者看台席的志愿者有序上岗，配合其他分区递送成绩，及时提醒媒体记者前往新闻混合区采访。在摄影运行领域，则有 12 名首都体育学院学生担任摄影助理。他们在赛时服务奥林匹克国际摄影队及来自世界各国的摄影记者，提供道路指引、问题咨询、摄影储物柜租借、辅助通行物的发放与更换、摄影点位核验等摄影记者需要的服务。

首都体育学院首钢滑雪大跳台志愿者迎来首个冬奥会比赛日（1）

首都体育学院首钢滑雪大跳台志愿者迎来首个冬奥会比赛日（2）

首都体育学院 29 名志愿者以最饱满的精神状态、最高的服务热情迎接每一项工作任务。在接下来的赛程中他们仍然继续坚守岗位，并肩作战，圆满完成赛事服务任务。

首都体育学院冬奥会开幕式引导员
与汗水相伴、和优雅同频

2022 年 2 月 4 日，第 24 届冬季奥林匹克运动会开幕式在国家体育场成功举行。在运动员入场式环节中，来自首都体育学院的 4 名引导员化身纯洁的雪花款款入场，引领各国运动员登上北京冬奥大舞台。虽然看不见口罩下的面容，但她们坚定的目光展现出了新时代中国青年的自信与担当！

首都体育学院冬奥会开幕式引导员

首都体育学院延庆赛区志愿者临时党支部开展学习活动

为全面做好北京冬奥会服务保障工作，加强党员思想教育、提高党员同志政治站位，进而引领全体志愿者统一思想、凝聚力量，2022年1月27日晚，首都体育学院延庆赛区志愿者临时党支部联合延庆驻地多所高校党支部开展了党员学习活动。活动中，党员同志们共同学习了习近平总书记关于北京冬奥会和冬残奥会筹办备赛工作重要讲话精神。通过学习，党员们对于为什么要举办冬奥会、如何办好冬奥会有了更深的认识，纷纷表示：应在冬奥服务的一线发挥党员的先锋模范带头作用，向世界全面展现中国青年的良好风貌，圆满完成冬奥志愿服务任务。

首都体育学院延庆赛区志愿者临时党支部开展学习活动

2022年2月8日，首都体育学院延庆赛区志愿者临时党支部41名党员召开支部大会。会上，临时党支部书记、休闲与社会体育学院辅导员彭莉结合服务冬奥实际，给支部全体党员上了一堂生动的党课。她强调，在国人面前，我们代表学校；在世界面前，我们代表中国；我们要以"使命在肩、奋斗有我"的精神认真履职尽责。驻地教师、体育教育训练学院辅导员肖拿云谈道：所有志愿者要以最高标准完成最高质量的服务，展现新时代中国青年的新风采。支部党员纷纷表示，冬奥会是向全世界展示中国形象的重要窗口，我们作为此次盛会的参与者和见证者，在感到无比荣幸的同时深感责任重大，必将全力以赴完成好服务保障任务。

在北京冬奥会服务保障工作中，首都体育学院延庆赛区志愿者临时党支部充分发挥战斗堡垒作用和先锋模范作用，充分彰显首都体育学院的责任和担当，圆满完成冬奥会延庆赛区赛事服务任务，让党旗在冬奥保障一线高高飘扬，为奥运添彩，为国争光。

首都体育学院志愿者圆满完成雪橇项目服务保障任务

2022年2月10日，伴随着2022年北京冬奥会雪橇项目的顺利结束，首都体育学院32名志愿者圆满完成了长达15天的志愿服务保障任务。

首都体育学院雪橇项目志愿者岗位主要分布在：出发区、结束区、抓橇、赛道扫冰等体育专业领域。经过前期的任务培训，正式上岗后各项工作都在有条不紊地进行，志愿者运用多项专业知识及技能为冬奥盛会提供良好服务，贡献自身价值。运动员训练比赛时间要求严谨、服务质量要求高，志愿者工作强度较大，但32名首都体育学院学子克服重重困难，全力保障赛事顺利进行。从1月27日雪橇项目正式开始运动员训练，到雪橇所有竞赛项目正式结束，"雪游龙"中随处可见首都体育学院志愿者兢兢业业的工作身影，同学们的工作态度和能力得到中外运动员和冬奥组委的高度认可！

首都体育学院志愿者圆满完成雪橇项目服务保障任务

首都体育学院志愿者圆满完成首钢滑雪大跳台服务保障任务

2022年2月15日，北京冬奥会单板滑雪男子大跳台决赛落下帷幕，中国选手苏翊鸣夺得金牌，至此，首钢滑雪大跳台中心的全部比赛结束。首都体育学院29名志愿者自2022年1月27日上岗，圆满完成了长达20天的志愿服务保障任务。

首都体育学院志愿者在首钢滑雪大跳台中心全部服务于媒体运行领域，具体又分为新闻运行领域和摄影运行领域。新闻运行主要的工作区域在记者工作间、媒体休息间、记者看台席、新闻混合区和新闻发布厅，而摄影运行志愿者的工作是担任摄影助理，赛时服务奥林匹克国际摄影队及来自世界各国的摄影记者。在这20天的志愿服务中，志愿者克服了工作内容复杂、工作强度大等困难，没有一个人叫苦叫累，每一个人都能做到全情投入、无私付出，在坚守岗位的同时，主动做自己力所能及的事情，凭借"微信运动"中的日均3万步和被阳光晒出的"最美口罩脸"，展现出了首都体育学院志愿者的专业素养。

首都体育学院首钢滑雪大跳台中心的29名志愿者，始终践行"奉献、友爱、互助、进步"的志愿者精神，以饱满的热情与认真的态

首都体育学院志愿者圆满完成首钢滑雪大跳台服务保障任务

度圆满地完成了志愿服务任务，用实际行动向世界展现出了中国当代大学生的风采！

"冰立方"志愿者组织参与冬奥驻地 "燃情冰雪，融契昌平"系列活动

2022年2月16日，首都体育学院"冰立方"志愿者团队在北京大学昌平新校区驻地组织了"燃情冰雪，融契昌平"系列活动第四弹，为驻地志愿者、教师及工作人员讲授"五步拳"动作要领，带领大家积极参与户外运动。

场馆工作结束后，首都体育学院武术与表演学院志愿者胡红伟和管理与传播学院志愿者贺千禧顾不上休息，一回到驻地就开始了活动准备工作。本次活动在操场空地展开，由胡红伟主讲，贺千禧直播，带队教师李宇捷摄影，活动在线上、线下同步进行。活动中，胡红伟同学就武术基本动作和五步拳动作要领进行了细致的讲解，并对动作细节与常见错误更正进行逐一示范。在团体教学之后，胡红伟还对大家进行一对一指导。

"冰立方"志愿者组织参与冬奥驻地"燃情冰雪，融契昌平"系列活动

在本次活动中，驻地医疗团队、核酸检测团队、驻地民警、驻地专班以及带队教师纷纷参与其中，大家认真学习，欢笑不断，还在学习结束后进行了"五步拳"比拼。冰雪消融，大家在微寒的下午舒展筋骨，切磋技艺，为冬奥驻地生活添上了一抹斑斓的色彩。

首都体育学院花滑补冰员：用心守护"最美的冰"

北京冬奥会上，首都体育馆作为热门赛事场馆，承办了花样滑冰和短道速滑两个项目的比赛。人气选手日本花样滑冰运动员羽生结弦更是称赞这里有"最美的冰"。在这片"最美的冰"背后，有一群跟运动员一样穿着冰鞋在冰面上滑行的志愿者，拎着冰桶快速滑进赛场，随时蹲下来为冰面"补妆"。他们就是活跃在首都体育馆的特殊志愿者——补冰员。

为服务好本届冬奥会花样滑冰项目，首都体育学院共选派13名来自体育教育训练学院、休闲与社会体育学院和管理与传播学院冰雪方向的学生担任补冰员。作为补冰员，他们需要掌握娴熟的冰上滑行技术，同时还要在极短的时间内快速找寻冰面上的小坑并及时进行填补。

观众们看到的是他们在冰场上自由滑行的帅气身影，但看不到的是他们每天凌晨3点出发前往场馆的疲惫；观众们看到的是他们一次

首都体育学院花滑补冰员：用心守护"最美的冰"

次单膝跪地完成补冰的潇洒利落，看不到的是他们因为长时间在冰场服务，身上旧伤复发时咬着牙忍耐疼痛的表情。

每名补冰员都是冰场上的"精灵"，是对冰上运动的热爱、对志愿服务精神的认同将他们聚到了一起。作为冬奥志愿者，他们深知自己肩负的使命与责任。他们也在以自己的方式默默地付出着，只为了守护这片"最美的冰"。

首都体育学院的姑娘们，好样的

2022年2月19日，花样滑冰选手隋文静、韩聪为中国队拿下北京冬奥会的第九枚金牌，鲜艳的五星红旗伴随着《义勇军进行曲》在首都体育馆升起。在颁奖仪式中，运动员们拿起奖牌、手捧"金墩墩"的辉煌时刻，让人无比羡慕和钦佩。在颁奖台的背后，你是否看到了有这样一群冬奥志愿者默默地付出，为颁奖仪式保驾护航？他们就是庆典仪式志愿者。

在首都体育馆庆典仪式志愿者中就有首都体育学院的4名女生，在布置颁奖台工作中，她们当起了"女汉子"，利落的动作，完美的配合，丝毫不逊色其他志愿者，圆满完成各项

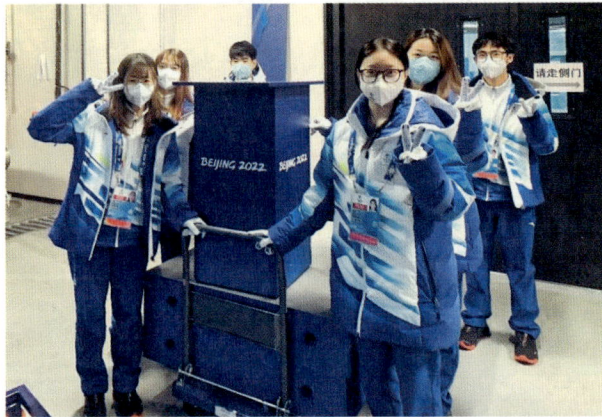

首都体育学院的姑娘们

颁奖台的布置任务。

庆典仪式志愿者主要的工作内容就是在一项赛事结束后，在极短的时间内在场地中布置颁奖台，他们需要搬运重约 100 千克的地毯、13 块不同大小规格的实木贴片，这对志愿者的力量、体力都有很高的要求。

为呈现出一场精彩绝伦的颁奖仪式，姑娘

们克服了重重困难，反反复复地彩排、演练，为的就是让运动员们感受到登上冬奥会最高领奖台的光荣。作为首都体育学院学子，她们诠释着拼搏创新的校训精神；作为冬奥志愿者，她们向世界展现了中国青年的刚毅。姑娘们，你们是好样的！

首都体育学院志愿者圆满完成五棵松体育馆冰球项目服务保障工作

2022 年 2 月 17 日，北京冬奥会五棵松体育馆冰球项目比赛圆满收官。自 2022 年 1 月 23 日开始，历经近一个月踔厉奋发，首都体育学院 36 名志愿者圆满完成了此次冬奥会志愿服务保障任务。

首都体育学院五棵松场馆的 36 名志愿者服务岗位均为运动员服务助理，主要工作是为场馆的运动员提供服务保障。赛事期间，每天都能在场馆看到首都体育学院志愿者奔走在各

国运动员周边的身影。摆放冰球、收送衣物、FOP 区域清废和补给、更衣室补给、开关门服务等，都是志愿者的日常工作内容。由于比赛常常在深夜结束，需要等待所有运动员离开场馆才能开始后续整理工作，因此，志愿者常常凌晨才能返回酒店。尽管如此，在长达 20 多天的时间里，大家每天的工作依旧能够有条不紊地进行，每一名志愿者都在努力克服繁重工作带来的身体疲劳，再苦再累，第二天依旧会

首都体育学院志愿者圆满完成五棵松体育馆冰球项目服务保障工作（1）

首都体育学院志愿者圆满完成五棵松体育馆冰球项目服务保障工作（2）

以饱满的热情投身于当天工作，用青春的笑脸温暖着每一个人。

在 36 名志愿者当中，有 17 名志愿者在五棵松场馆比赛结束的当晚就连夜转场到了国家体育馆，支援国家体育馆后续冬残奥会冰球赛事的服务保障工作，充分体现出"奉献、有爱、互助、进步"的志愿者精神。在接下来的冬残奥会赛事服务中，首都体育学院志愿者仍然保持高昂的热情，继续做好服务保障工作。

首都体育学院志愿者圆满完成国家体育馆冰球项目服务保障工作

2022 年 2 月 20 日，北京冬奥会国家体育馆冰球比赛落下帷幕，芬兰队夺得男子冰球金牌。首都体育学院体育教育训练学院 34 名志愿者圆满完成体育领域志愿者服务保障任务。

首都体育学院在国家体育馆的志愿者全部工作于体育领域运动员服务岗位，具体由赛事

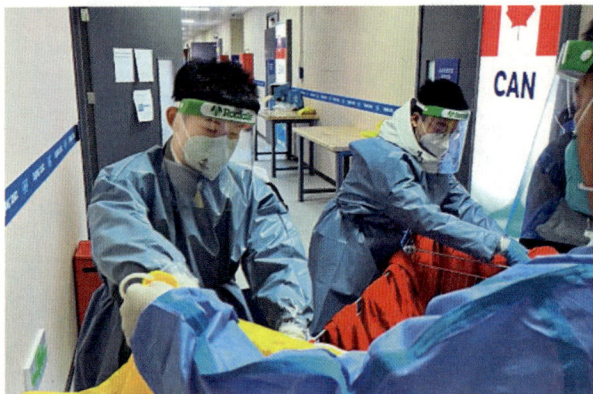

首都体育学院志愿者圆满完成国家体育馆冰球项目服务保障工作（1）

首都体育学院志愿者圆满完成国家体育馆冰球项目服务保障工作（2）

更衣室、永久更衣室、器材室热身区、洗衣服务和ITO五个部分组成。在服务过程中，志愿者们克服了工作进程紧、任务杂、驻地防疫要求高等困难，始终秉承着高度的责任感，以饱满的热情服务各国运动员，展现出首都体育学院学子的责任与担当。

进入闭环后，首都体育学院志愿者根据运动员服务领域下发的资料，对工作内容进行分配和学习，排出每天运动员的训练与比赛日程表，多次熟悉工作区域，确认自己工作的流程与细节。比赛进程中，赛事和ITO部分志愿者负责赛前的冰球造型摆放，按照各国运动员要求摆放好不同造型的冰球，工作能力得到了场馆领域老师和运动员的高度认可。

2022年北京冬奥会不仅为世界讲述中国故事，也向世界展示了中国青年的青春风貌。首都体育学院国家体育馆34名志愿者圆满完成志愿服务任务，用实际行动证明了中国青年的热情与活力，为冬奥会交出了满意的答卷。各位志愿者将继续发扬志愿者精神，不忘初心，砥砺前行。

不负期望！首都体育学院志愿者顺利完成北京冬奥会国家雪车雪橇中心服务保障任务

2022年2月20日，北京冬奥会国家雪车雪橇中心雪车项目比赛胜利收官，至此首都体育学院延庆赛区68名志愿者圆满完成北京冬奥会志愿服务保障任务。

自2022年1月26日进入闭环后，首都体育学院雪车雪橇中心志愿者们团结一心，勇于担当，受到了各国教练员、运动员及赛区领导的一致好评。在2月9日男子双人雪橇的比赛中，国际奥委会主席巴赫先生高度赞扬了雪车雪橇中心志愿者的服务精神并送上祝福。

首都体育学院志愿者顺利完成北京冬奥会国家雪车雪橇中心服务保障任务

首都体育学院国家雪车雪橇中心的68名志愿者服务岗位分布在出发区、结束区、存车库与竞赛办公室，主要工作是为运动员的训练与比赛提供服务保障。

赛事期间，虽然戴着口罩无法在各国运动员面前展露出最美的微笑，但是志愿者们通过肢体语言将最美好的祝福献给他们，让他们感受到首都体育学院学子的温暖，感受到北京这座城市的温暖。

早出晚归是雪车雪橇中心志愿者们的工作常态，他们吹过凌晨的寒风，也见过午夜的星空。因为运动员的训练在上午开始，所以志愿者们要提前约3小时到达场馆进行准备；比赛常常在深夜结束，志愿者们需要等待所有运动员离开场馆后才能开始后续的整理工作。尽管

如此，在长达20多天的时间里，大家每天的工作依旧能够有条不紊地进行，每一名志愿者都在努力克服工作带来的疲劳感，每天都会以饱满的热情投身于当天工作，用专业的服务成就运动员的精彩发挥，用青春的笑脸温暖着每一个人。

首都体育学院志愿者们以实际行动为北京冬奥会谱写出新时代浓墨重彩的新篇章，历史会镌刻下这一笔。投身于这场美丽的盛会，每一位首都体育学院青年都切身感受到体育的魅力、国家的强大、梦想的力量，触摸到自己与祖国的同频共振。"一起向未来"不仅是一句口号，更是首都体育学院学子以实际行动绘就的"同心圆"。精彩的未来正向他们招手，那方美丽的天地将由今日的他们创造！

见证荣耀！首都体育学院志愿者圆满完成冬奥会闭幕式服务保障任务

2022 年 2 月 20 日晚，北京冬奥会闭幕式在国家体育场精彩落幕。首都体育学院 49 名志愿者圆满完成志愿服务任务，用饱满的热情和灿烂的笑容为北京冬奥会的完美收官增添了精彩和温度。

首都体育学院闭幕式志愿者分为执旗手引领和看台观众互动两个团队。2021 年 12 月 18 日，执旗手团队开始投入训练。在之后 65 天的排练过程中，同学们克服了队形变化频繁、室外环境寒冷、表演道具沉重等实际困难，不惜体力、不计得失，最终圆满完成闭幕式表演任务。而观众互动团队则是冬奥会的"老朋友"。该团队的 30 名师生刚刚结束开幕式的服务任务，就马不停蹄地投入到闭幕式的演练工作中。面对连续 3 小时的室外工作，他们毫不畏惧，用自己的专业和热情将快乐和温暖带给每一位观众，真正成为闭幕式观众席间快乐的"气氛组"。

北京冬奥会和冬残奥会虽已落幕，但首都体育学院师生服务国家体育事业发展的初心不变，热情不减。在今后的赛场上，首都体育学院志愿者将继续竭诚服务，倾情奉献，坚决完成服务保障任务。

首都体育学院志愿者圆满完成冬奥会闭幕式服务保障任务

看台志愿者：冬奥会开闭幕式聚光灯外的"气氛担当"

2022年2月20日晚，2022年北京冬奥会闭幕式在国家体育场隆重举行，这场运动员们赛场拼搏后的欢庆标志着北京冬奥盛会圆满落幕。在开、闭幕式的成功背后，有一群"气氛担当"活跃在观众席各个角落，用自己的欢呼、喝彩、掌声、舞动带领观众与演员进行双向联动，他们就是来自首都体育学院、中国人民公安大学、首都师范大学、首都经济贸易大学这4所高校的160余名看台互动志愿者。

首都体育学院看台互动志愿团队在开、闭幕式前夕，集中接受了密集而辛苦的专业训练。做好看台互动志愿者，首先要将整个闭幕式的流程烂熟于心，以便配合演出仪式的每一个环节，带领观众进行互动。而排练期间，为了呈现最佳效果，演出内容经历了不断调整，志愿者引导的时机、动作也要随之不断变化。志愿者在每次排练结束后，都要坐在一起将清演出顺序以及每个时间节点的动作反应，确保引导工作的精准顺利。

"每次结束排练后，嗓子喊哑了，胳膊也酸到拿不起杯子，但一想到可以通过我们的努力向世界展示最好的开、闭幕式，我心中的使命感、责任感油然而生，就觉得还能继续坚持！"首都体育学院志愿者姜芸桥说。不仅如此，志愿者还要克服室外零下10摄氏度左右的低温天气。作为看台互动志愿者，要先于所有观众和演员在看台就位，一场演出下来，大家要在冷风低温中站立将近3小时。演出一开始，志愿者冻到瑟瑟发抖，寒风一阵阵吹起来，即便是戴着手套的手也冰冷到没有知觉。但寒冷总能被热情驱散！随着演出热火朝天地进行，志愿者振臂高呼、纵情舞动，跳到口罩浸湿、汗水滑落，逐渐也就不觉得冷了。

看台志愿者：冬奥会开闭幕式聚光灯外的"气氛担当"

冬奥会圆满落幕，首都体育学院志愿者"冰立方"的故事未完待续

2022年2月20日，随着女子冰壶金牌赛的结束，2022年北京冬奥会冰壶项目的比赛全部结束，首都体育学院24名"冰立方"志愿者圆满完成北京冬奥会赛事保障工作。

在冰壶项目的19个比赛日里，首都体育学院志愿者全部服务于体育领域，为赛事保障和运动员服务贡献了首都体育学院学子的力量和热情。志愿者们热情洋溢，一丝不苟，高度负责，团结一心，在通勤管控、赛场清废、器材管理、运动员服务等岗位上努力工作，展现了当代中国青年的精神风貌，也在志愿服务中受益匪浅。

冬奥会闭幕后，首都体育学院"冰立方"志愿者们继续参与到转换期场馆工作和冬残奥会的志愿服务中去。未来，首都体育学院志愿者"冰立方"的故事未完待续……

首都体育学院志愿者"冰立方"的故事未完待续

首都体育学院国家体育馆志愿者团支部在驻地开展"阳光一小时"健身活动

冬令春行，万物生春，北京冬奥，完美落幕。为更好地度过冬奥会和冬残奥会之间的"转换期"，让志愿者们保持良好的身体状态服务冬残奥会，首都体育学院国家体育馆志愿者团支部在驻地教师孙世琦的带领下，与北京交通大学联合开展了转换期志愿者"阳光一小时"户外健身活动。

考虑到驻地同学的运动水平不一，首都体育学院志愿者在孙世琦老师的指导下，围绕动态拉伸、神经激活、正式锻炼、恢复与再生四大板块设计了三套均适用于各个运动水平师生

的"阳光健身操"，并派出张洪林、付紫俊、闫子昊、霍一帆、王天、刘子娇和宋雨瑶7名首都体育学院体育教育训练专业学生担任领操员。从2022年2月25日开始至2022年2月28日结束，利用每天15：00—16：00的时间，带领参与活动的师生共同进行健身操的户外锻炼，活动过程中，7位领操员与参与活动的师生相互配合、沟通融洽，从学习新动作到完整练习整个运动过程，领操员耐心细致地对每一位学员进行指导，规范正确动作，帮助大家在避免运动损伤的前提下达到锻炼身体的目的。

首都体育学院国家体育馆志愿者团支部在驻地开展"阳光一小时"健身活动

本次活动共覆盖 5 所高校的 60 余名师生，同学们在增进兄弟院校学习交流的同时，锻炼了组织能力及教学指导能力，并在实践中强化了自己的专业技能，整体表现得到了主责高校北京交通大学和各高校师生的高度认可。

国家体育馆智选假日酒店驻地"阳光一小时"健身活动不仅使志愿者的身体得到了锻炼，更使老师和同学们提升了运动健身的意识。冬奥志愿者通过在工作之余加强锻炼，科学健身，更好地为北京冬残奥会服务。

首都体育学院"冰立方"志愿者团队召开冬残奥会工作动员会

2022 年 3 月 1 日下午，首都体育学院"冰立方"志愿者团队在北京大学昌平新校区驻地召开了冬残奥会志愿服务工作动员会，校团委书记靳卓线上参加了活动。

会上，带队教师李宇捷就"冰立方"志愿者的工作情况作简要总结。首都体育学院 24 名"冰立方"志愿者在圆满完成北京冬奥会赛事服务后仅休息了两日，就开始了紧锣密鼓的转换期工作，并参加冬残奥会上冰工作培训，为冬残奥会做准备。之后，线祖霄和于超琛作为 FOP 组和 IPA 组志愿者代表，为大家分享了冬奥赛事服务心得，并介绍了当前的工作进展。最后，校团委书记靳卓就做好冬残奥会服务保障工作做了动员讲话。

靳卓强调，作为北京冬奥会和冬残奥会的志愿者，大家重任在肩，要高度重视，努力做好赛事保障工作，展现中国青年的精神风貌。同学们也要劳逸结合，在驻地养成良好的生活习惯，积极参与驻地活动，保证线上学习质量，做好自我管理，度过冬奥驻地的珍贵时光。学校一直密切关注志愿者的工作和生活情况，积极为志愿者解决学习、生活和工作上的问题，补充生活物资、防疫物资与术科学习器械，学校永远是大家坚实的后盾。

首都体育学院"冰立方"志愿者团队召开冬残奥会工作动员会

残奥更精彩：首都体育学院残奥会志愿者正式上岗

在北京冬残奥会开幕式后的首个比赛日，首都体育学院66名冬残奥会志愿者就正式上岗投入工作。

轮椅冰壶项目在国家游泳中心（冰立方）拉开序幕。首都体育学院24名志愿者服务于体育领域IPA、FOP和运动员服务管理岗位，工作包括通勤管控、赛场清废、运动员引导辅助等。残奥会特有的IPA岗位志愿者，负责帮助残疾人选手按照需要摆放冰壶、传递冰壶、及时收取冰壶等。由于冰壶比赛对冰面要求很高，志愿者还需要及时擦拭轮椅和冰壶，保证赛道冰面洁净。

首都体育学院服务于北京冬残奥会冰球项目的志愿者共有34人。为了确保运动员的顺利训练和比赛，志愿者们需要帮助运动员清洗冰球、运送衣服、拿比赛装备，减轻不必要的负担，以便他们可以更快到达赛场。一天下来，志愿者们工作忙碌且充实。

延庆颁奖广场的8名礼仪志愿者圆满完成了6场颁奖仪式工作任务。工作中，志愿者熟练掌握适应残奥会特点的服务规范与技巧，为残奥运动员提供了周到的服务，并有幸共同见证了运动员的高光时刻，分享他们获得荣誉的喜悦。

两个奥运同样精彩。首都体育学院志愿者坚守工作岗位，弘扬志愿者精神，以饱满的热情和优质的服务为北京冬残奥会的圆满成功奉献青春力量！

首都体育学院残奥会志愿者正式上岗

首都体育学院志愿者与"冰立方"的故事再续新篇

2022 年 3 月 4 日晚，北京冬残奥会开幕式在国家体育场举行。首都体育学院 24 名"冰立方"志愿者整装再出发，投入到冬残奥会的赛事保障工作中，用青春的热情和汗水继续书写"冰立方"的故事。

在北京冬奥会闭幕后的"转换期"，"冰立方"的志愿者并没有停止工作。短暂的休整之后，大家就投入到冬残奥会的赛事准备工作中，协力完成了无障碍设施的摆放和检查，高质量完成了冬残奥会志愿者培训，并在 2022 年 3 月 3 日完成场馆组织的全要素演练。冬残奥会赛事期间，首都体育学院志愿者在体育领域 IPA、FOP 和运动员服务岗位上为残疾人运动员提供服务和帮助。

由于轮椅冰壶比赛的需要，志愿者必须熟悉赛事流程，掌握擦冰壶、擦轮椅的正确方法，帮助残疾人选手按照需要的顺序摆放、传递冰壶、及时收取冰壶等。为更好地为残疾人运动员提供服务，志愿者在参加集体培训之余，自发组织在一起反复观看、研讨培训视频，分小组模拟服务场景，对待工作一丝不苟，精益求精。

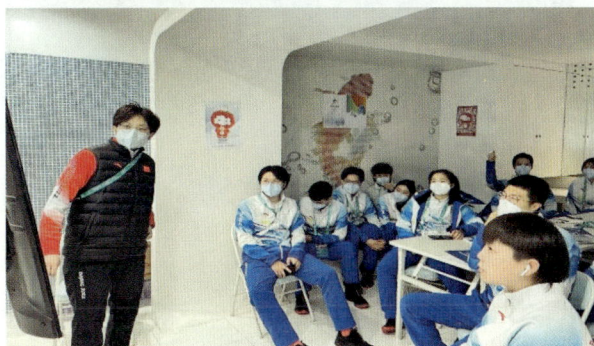

首都体育学院志愿者与"冰立方"的故事再续新篇

冰上小帮手：走近"冰立方"里的首都体育学院志愿者

北京 2022 年冬残奥会轮椅冰壶比赛期间，首都体育学院的 20 名学生志愿者在国家游泳中心"冰立方"担任"冰上运动员助理"，协助运动员完成比赛。

对于坐在轮椅上的运动员来说，在冰上拿取、移动重约 20 千克的冰壶很不方便，志愿者便两人一组分布在每条赛道，及时进行擦冰壶、摆冰壶、收无效壶的工作。

一场冰壶比赛大约 2.5 小时，每场比赛志愿者们要擦壶约 64 次，每位志愿者每天志愿服务时长约 8 小时。他们反复站起、弯腰、蹲下……擦拭冰壶需要轻柔地翻转冰壶，将冰壶归位时需要弯腰轻轻地推行。志愿者在赛前还会为运动员清洁轮椅，保障赛事顺利进行。

为首都体育学院志愿者们的辛勤付出点赞！

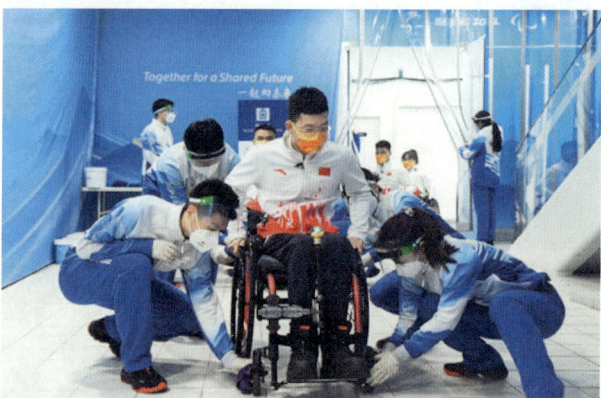

"冰立方"里的首都体育学院志愿者

"冰立方" IPA 志愿者的"绝世武功"

首都体育学院"冰立方"志愿者徐楚钰接受央视记者采访，介绍了冬残奥会 IPA 志愿者的工作和感悟。首都体育学院冬残奥志愿者的"绝世武功"公之于众。

极速收壶

动作要领：在运动员大力击打之后，预判冰壶走向，疾步上前劈手收壶，迅速控制冰壶的运动轨迹，将其收走。及时收走无效壶，避免其对有效壶造成影响，动作讲求"快"和"准"。无他，唯手熟耳。

蹲步行走

动作要领：一局结束后，在冰面上呈下蹲姿势移动，计时 1 分钟，将冰壶按顺序迅速摆好，并将先手队伍的第一颗冰壶擦净递给选手。蹲步冰上行走动作讲求重心的稳定。手忙脚乱是摆放冰壶之大忌。

力能扛鼎

动作要领：在选手投壶前，将对应冰壶掀起，螺旋路径擦拭壶底，并清洁壶柄。动作讲求轻拿轻放、一次到位。每颗冰壶质量约 20 千克，每个比赛日，早班 IPA 志愿者负责 2 场比赛，至少蹲起 256 次，累计抓举质量至少 5.12 吨，可谓"力能扛鼎"。

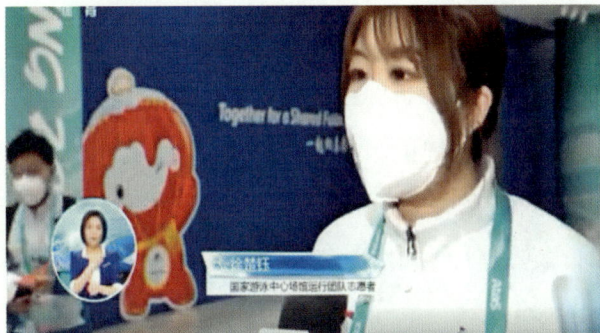

首都体育学院"冰立方" IPA 志愿者的"绝世武功"

一尘不染

动作要领：在运动员入场前，下蹲清洁残疾人运动员的轮椅大小轮，必要时清洁鞋底和其他物品，确保比赛冰面一尘不染。讲求团队配合，眼疾手快，在运动员行进中完成清洁，并确保清洁彻底有效。运动中的冰壶会因冰面尘土微粒改变运动方向，一尘不染的冰面是冰壶比赛之基础。

超强配合

如果你以为冰壶赛场只有冰面一尘不染，那就太天真了。"冰立方"的整个比赛区域都具有极高的洁净度。FOP 志愿者会在比赛间隙使用不同功率的吸尘器清废，清废动作讲求精益求精，不留死角。这些清废能手目光如电，所到之处一尘不染，可谓赛场最强大的基础保障团队，也是深藏不露的"武林高手"。

在北京冬残奥会上，轮椅冰壶项目的志愿者也是比赛的重要组成部分。他们在场边站立如松，注意力高度集中，确保第一时间为残疾人运动员提供帮助；他们用零失误的工作保障赛事顺利进行，哪怕汗水沿着面屏滴下，双手被手套捂得发胀，也从不懈怠。

2022 年的春天，首都体育学院志愿者在"冰立方"和运动员并肩作战，共同见证"双奥之城"的冰雪盛典。

残奥冰球赛场的蓝色名片
国家体育馆（NIS）志愿者

在"冰之帆"里，有一群没有固定工作时间和休息时间的志愿者——运动员服务组志愿者，他们每天在场馆里最多的一个动作就是"跑"。在场馆中，只要有运动队在，他们忙碌的步伐就不会停歇。不停穿梭在场馆的每一个角落，他们是连接运动员和场馆的桥梁。志愿者小分队是短小精悍的。虽然一个小组仅有 12 个人，但他们相互照应，十分团结，以一当十，所向无前，遇到任何问题都能以最快的反应速度、最高效的方式、最完美的解决办法来保证赛事的

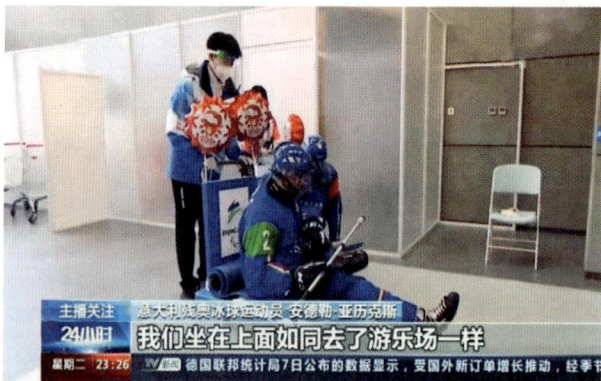

残奥冰球赛场的蓝色名片——国家体育馆（NIS）志愿者（1）

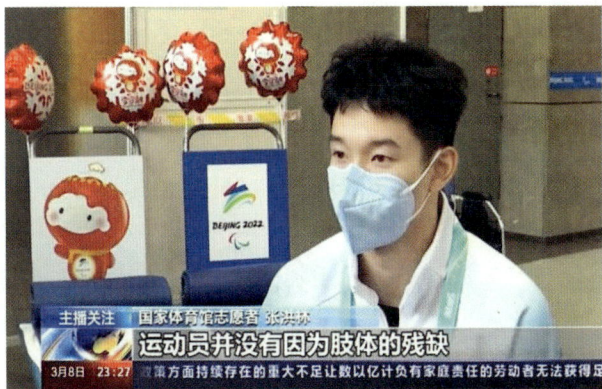

残奥冰球赛场的蓝色名片——国家体育馆（NIS）志愿者（2）

顺利进行，让运动员们拥有良好的赛事体验。

2022年3月7日，首都体育学院国家体育馆志愿者张洪林接受了央视新闻记者的采访，采访中，他说："作为冬残奥会NIS运动员服务组志愿者，我们就是秉承'奉献、友爱、互助、进步'的志愿精神，为来自全世界的运动员提供优质贴心的服务。"

志愿者们的工作从赛事准备到衣食住行，包揽了每一个细节。每天早上在运动员到来前，这些志愿者就开始为参加残奥会的冰球队伍布置更衣室。赛前，他们会接运动员上场比赛；赛后，送运动员到混采区接受采访。此外，还要从事推送冰橇、摆冰球标识、在场边为运动员和裁判员检查证件、消杀冰球、为运动员洗衣、配餐等一系列工作，只要运动员有合理需求，志愿者就会尽力满足。在没有工作时，他们时刻准备着为运动员提供帮助。张洪林在采访中也说道："'随时待命，有呼必应'就是我们对每一位残疾运动员最好的帮助。"他们对运动员的充分尊重和帮助，得到了运动员们的高度赞扬。

志愿者无微不至的服务处处彰显着他们的温暖贴心。薯片的味道、可乐是否含糖，配餐的志愿者会做好标记、提醒用餐的人。他们在

原本朴素的板车上添加了冬残奥吉祥物"雪容融"的装饰，在冰冷的板车上铺放毛巾和瑜伽垫，让普通的板车充满爱心、充满温情。"护送"运动员上下场的志愿者小车队更成为国家体育馆里一道亮丽的风景线。

北京冬残奥会冰球赛事服务的经历给每位志愿者都上了别样的一课。张洪林在采访中说道："这些运动员没有被肢体的残缺所打垮，他们在赛场上一次次摔倒后再站起来，努力和不放弃的精神是我们整个志愿服务中最大的收获。"

在志愿工作的同时，学校的课程也不能落下。在冬残奥会志愿服务期间，志愿者们抓紧休息时间，只要有空就跟着学校的课程一起上网课，工作学习两不误，休息室里的志愿者都认真专心地上课。志愿者每一天都是充实的。

北京冬残奥会上，冰球是备受人们关注的一个比赛项目，这也对志愿者的工作有了更高的要求。他们在高效高压高强度工作的同时锻炼了自我的能力；冬残奥会冰球运动员在赛场上一个个永不言弃、奋力拼搏的身影，深深地感动着每一位志愿者。

在2022年春暖花开之际，首都体育学院的志愿者在国家体育馆与残奥冰球运动员并肩作战，共同见证了"飞跃"中的"坚毅"。

首都体育学院志愿者有点"酷"，学习服务两不误

首都体育学院国家游泳中心（冰立方）志愿者参与了北京冬奥会和冬残奥会的服务保障，是首都体育学院服务时间最长的志愿者团队，24名同学在北京大学昌平新校区驻地度过了两个月的难忘时光。

正值春季学期开学，首都体育学院于2022年2月底正式开始线上授课，学科和术科课程同

首都体育学院志愿者有点"酷"，学习服务两不误

步开展。为保证志愿者能够在驻地正常参加术科线上学习，学校志愿者工作专班高度重视，精心安排，克服困难及时将瑜伽垫、泡沫轴、弹力带、篮球等器材以及肌贴等相关用品送入驻地，全力保障志愿者在驻地开展术科学习与实践。

同学们在志愿服务之余，利用驻地现有设施，开动脑筋，自己制作辅助工具，一丝不苟地完成学科和术科学习，在冬奥志愿服务和健康监测期间努力提升专业水平。

在北京冬奥会和冬残奥会期间，学校一直密切关注志愿者的学习与生活，及时了解志愿者的实际需求，做好志愿者的服务保障。首都体育学院志愿者均能够及时调整身心状态，合理安排时间，在做好志愿服务工作的同时，保证学习质量，圆满完成了北京冬奥会和冬残奥会服务保障任务。

首都体育学院志愿者圆满完成冬残奥会志愿服务保障任务

2022年3月13日晚，北京冬残奥会闭幕式在国家体育场精彩落幕，标志着首都体育学院66名志愿者圆满完成冬残奥会志愿服务保障工作。

首都体育学院冬残奥会志愿者全部参与过北京冬奥会的志愿服务工作。他们将服务冬奥过程中积累的宝贵经验带到了冬残奥会，进一

步改进工作方法，提高服务质量，为残奥会的运动员提供了更加温暖贴心的服务。

在残奥赛场上，运动员用实力和斗志展现出的奋力拼搏、永不言弃的精神力量深深感动着每个人。他们以顽强的精神挑战自我，表达着对命运的不屈。怀着对冬残奥运动员满满的敬意，首都体育学院志愿者用专业和赤诚圆满

首都体育学院志愿者圆满完成冬残奥会志愿服务保障任务

完成服务保障任务，向全世界传递爱的力量！

　　能够参与这场举世瞩目的盛会，每一位首都体育学院青年都感到无比光荣。"一起向未来"不仅仅是一句口号，更是每一位首都体育学院青年共同奋斗的目标！短短9天里，志愿者炽热的心与纯洁的冰雪碰撞出了惊艳世界的光彩，相信他们定会将这份珍贵的收获珍藏，在未来继续创造辉煌！

首都体育学院研究生冬奥会和冬残奥会服务保障工作获国内外媒体点赞

　　为了全力保障北京冬奥会和冬残奥会的顺利举办，94名研究生参与了此次竞赛服务和赛会保障工作，他们的岗位有冬奥技术官员、赛事实习生、志愿者、转播培训项目（BTP）工作人员、赛时演职人员和《冬奥官方报告》编写人员。博士研究生和硕士研究生都饱含热情地投入服务北京冬奥会的阵营中。在首都体育学院北京冬奥会和冬残奥会的服务中，研究生实现了学生服务岗位全覆盖、服务时间全过程、服务内容全方位，他们展现着首都体育学院学子的良好风貌，贡献着首都体育学院人的坚实力量。他们的付出和成果，受到了国内外媒体的点赞。

赛时实习生王坤：
团队背后的团队

The Team Behind the Team 是 2022 年 3 月 9 日美国冰球协会为首都体育学院博士研究生王坤撰写发布的一篇新闻报道，中文翻译为"团队背后的团队"。王坤是首都体育学院研究生部 2021 级博士研究生，2021 年 1 月 23 日，他以冰球队伍陪同（以下简称"队陪"）的身份进入国家体育馆，同时又担任美国冰球队的随队翻译。

"队陪"是北京冬奥组委竞赛组织团队及各职能部门、运行团队与参赛队伍和国际技术官员的沟通桥梁，他们与参赛队伍和国际技术官员进行密切合作，确保参赛队伍和国际技术官员按照国际奥委会及国际冰联的规定获得相应的服务。用王坤的话来说，他就是要负责运动队在奥运会期间的吃穿住行以及训练和比赛，队伍所有的需求都会在第一时间反馈给他，他再通过与各个部门的沟通协调，给队伍提供最大的帮助。

每天在运动员训练前，王坤都会提前 1 小时到达场馆，做好队伍到达前的准备工作。他需要把队员们洗好的训练服运送回队伍更衣

首都体育学院研究生冬奥会和冬残奥会服务保障工作获媒体点赞

室，及时补充运动员的饮用水、能量饮料等必需物资，帮助运动员将训练球杆、护具、雪橇、战术板等提前按顺序摆放在冰场旁边。

在运动员训练时，他就要扮演联络人的角色了，他需要提前联系媒体的工作人员，将媒体的信息转达给队伍需要被采访的运动员，并引领运动员前往混采区。

运动员训练结束后，也是王坤最忙的时候。他需要收回运动员的所有器材，回收运动员训练后的脏衣服送至洗衣房，为运动员提供日常生活用品，帮助指引运动员前往上车点，还需要预订第二天的训练场地、训练大巴、午餐等。

从运动员训练开始前到运动员训练结束后，一直都能看到他忙碌的身影。"刚开始喊我 Rick，然后器材师和体能教练喊我 Ricky Bobby，后来经理和教练们喊我 Ricky Bobby Son，再到现在会喊我的中文名字 Kun Wang。而且他们还记得我的年龄，记得我的学校，记得我的专业。"这是王坤在看到美国冰球队为他撰写的新闻报道后，回忆整个冬奥服务过程的一段话。尽管是简单的一段话，却道出了他

在冬奥会期间服务的历程和收获，同时，他的付出和汗水也得到了肯定的回应和认可。在这篇新闻报道中还写道："从我们的教练组到医务人员、设备经理和安保人员，到我们的运动员，为我们提供支持和帮助确实需要一个团队的庞大力量，却由一个人承担起了重任。他的贡献如此之多，但有时却不为人知。他几乎每天都在尽其所能帮助我们，我们感激不尽。"美国运动员对中国志愿者的肯定之情溢于言表。

王坤说："很荣幸能够在 2022 年冬奥会和冬残奥会上担任一名工作人员，工作服务中虽有汗水，但是满满收获。我不会忘记这次冬奥会的宝贵经历，更不会忘记体育人的使命与担当，我会将奥运会上的所见所闻带回学校，将冬奥精神继续发扬，不忘初心，勇敢前行。"

志愿者高宇涵：
春节在外，只为冬奥

2022 年 1 月 1 日，中国国际电视台发布了两篇新闻：《北京冬奥会：国家雪车雪橇中心举行训练彩排》和《北京冬奥会：闭环参赛者共庆春节》。在这两篇新闻报道中均出现了首都体育学院研究生高宇涵的身影。高宇涵是首都体育学院 2020 级硕士研究生，在冬奥会期间担任一名志愿者，在国家雪车雪橇中心服务。

从 2021 年 10 月初的雪车雪橇国际测试赛，到 2022 年 2 月 20 日冬奥会结束，高宇涵负责钢架雪车项目的车辆调度和平台证件的查验。车辆调度就是保证车辆定点到达、运动员们同步登车返回点位，平台证件的查验则是要检查规定人员的证件，维持赛场秩序。从最初的摸索，到已经完全熟悉了全部的工作职责，她从中收获了宝贵经验，也得到了老师、同学和外籍运动员的认可。

在《北京冬奥会：国家雪车雪橇中心举行训练彩排》这篇新闻中，高宇涵说："我们之前服务的测试赛是针对比赛本身，而最后一次排练是针对即将举行的训练课程。所有的准备都是为了确保在时机成熟时取得完美的结果。"正如高宇涵所言，她也不辱使命，圆满完成了所有的任务。

本次冬奥会的正值新春佳节，所有在冬奥会服务的老师和同学都就地与场馆的老师和同学一起过年。在《北京冬奥会：闭环参赛者共庆春节》这篇新闻中，高宇涵接受采访时说："这是我们第一次离家过春节，很多志愿者从不同的地方来到这个场地。所以志愿者之家联合为我们举办了一场春节联欢晚会，每个学校都用心准备了跳舞和唱歌等节目，让我们感到很温暖。"

作为一名志愿者，高宇涵在冬奥会服务过程中尽职尽责，展示出首体学子的独特风采。她说："还记得到岗的第一天、志愿者们一起看开幕、一起过春节、一起工作，一幕幕就像电影片段在脑海中放映，我相信这次的经历会让所有人铭记于心。我感到非常荣幸能够加入冬奥盛会中，与身边这么多优秀的人才见证中国的力量，宝贵的不只是参与其中，我更收获了丰厚的精神财富，做事的态度、坚定的意志、处事的细心、迈出的勇气都将伴随着我一起向未来。"

BTP 成员王子豪：
冬奥有我，勇往直前

2022 年 2 月 24 日，新华社发布了一篇名为《"我在现场拍冬奥"——中国大学生加入北京冬奥会转播团队》的新闻报道，浏览量高达 100 多万人次，这是新华社为首都体育学院 2020 级研究生王子豪撰写的新闻报道。王子豪也是冬奥会中张家口云顶滑雪公园的北京转播培训项目（BTP）成员之一。BTP 项目是负责奥林匹克转播的相关工作，该项目始于 1984 年洛杉矶奥运会，英文全称为"Broadcast Training Program"，是由奥运会主转播商奥林匹克转播服务公司（OBS）发起的教育项目，旨在通过培训在校大学生参与奥运会转播工作，为举办国培养转播专业人才。

在 BTP 项目中王子豪主要担任音频助理一职，音频助理不仅需要技术上的脑力工作，还需要体力上的力量工作。定点、挖雪、铺缆、固定，布线和穿缆都是他在冬奥会每天的日常工作之一，赛时他还会手持移动收声设备采集运动员在起跳、滑行过程中的声音。

"非常荣幸能够成为 BTP 中的一员，能够参与到冬奥会的服务中。因为专业对口，我有机会能直接参与赛事音频采集的核心工作，也因此有了与'偶像'零距离接触的机会。单板滑雪 U 形场地技巧决赛上，肖恩·怀特迎来了自己的谢幕之战，当时我就在赛道上录音。"王子豪说，这是他离偶像最近的一次，感觉自己圆梦了。

王子豪还有另一个身份，他还是一名退役军人。他说："虽然我已经离开了部队，但为国家做贡献的愿望和精神是不会改变的。在蛟龙突击队服役的经历锻造了我不怕困难、勇往直前的坚毅品格。在零下 30 多摄氏度的寒冷天气中我依然坚守在 U 形池的工作岗位上，有困难，我来！有危险，我上！中国军人的精神和作风使我每天的工作都充满干劲儿！这次冬奥之旅我收获匪浅，看到了祖国的日益强大，也感受到了运动员为了梦想的拼搏精神。衷心祝愿祖国繁荣昌盛！"

表演展示张凯旋：
青春阳光，温暖冬奥

《洛阳小伙儿服务北京冬奥会 承担这项重要表演》《骄傲！偃师小伙儿参加冬奥会表演！》《洛阳小伙儿服务北京冬奥会 29 场演出传播冬奥文化》《洛阳小伙儿服务北京冬奥会——接下来，他还要为服务北京冬残奥会作准备》这些新闻来自《洛阳日报》《洛阳晚报》、新豫网等多家媒体，而出现这些新闻中的"小伙儿"是首都体育学院 2021 级硕士研究生张凯旋，他在冬奥会中担任一名赛时演职工作人员。娱乐演出是赛时体育展示的重要组成部分，赛时演职人员面向运动员、观众进行体育表演，展示主办国的面貌和文化。

2021 年 11 月，经过北京冬奥组委的层层选拔，张凯旋成功入选，成为体育展示团队中的一员，并承担北京冬奥会和冬残奥会国家体育馆冰球运动项目比赛的开场舞、中场互动与结束部分的表演。

经过了为期 3 个月的排练结束后，在 2022 年 1 月 27 日，他正式进入国家体育馆。3 个月的排练时间辛苦、漫长，但正是因为一遍又一遍的反复练习，克服严寒和不适，用每一滴拼搏奋进的汗水，才使他们一上场就成为北京冬奥会上最亮丽的闪光点，在北京奥运会的舞台上华美绽放。

张凯旋在接受媒体记者采访时着重讲解了他们表演的舞蹈精髓与精彩内容，他说："这些精彩的娱乐演出不仅体现了奥运传统和冰雪运动特点，更展现了中华文化特色、时代风貌特征，将助力在冬奥舞台上讲好中国故事，传播好中国文化"。

张凯旋不仅出现在冬奥会上，还出现在冬残奥会上。他说："此次冬奥会和冬残奥会，是展现中国青年一代自身形象与能力的大好机会，虽然因此春节不能回家，但是我从未感到后悔，反而是更加自豪与荣幸。在赛场上我看到了中国力量、中国精神。当国旗冉冉升起时，我心潮澎湃、热泪盈眶、激情四射。你可以永远相信中国红！"

2022 年 3 月 13 日，张凯旋和团队成员圆满结束了冬残奥会的表演任务。他们在平凡而重要的岗位上洋溢着青春、挥洒着热情，为世界呈现一场简约、安全、精彩的奥运盛会。张凯旋说："作为一名青年，我们有义务为实现伟大复兴的中国梦而奋斗。作为一名中共党员，我们有责任向全世界展现中国青年的自信奋进。作为一名冬奥演职人员，我们更要以最昂扬的精神风貌传递好奥运精神，彰显出民族自信，为冬奥会和冬残奥会的成功举办贡献出青春力量！"

上述 4 人也仅是众多研究生冬奥工作者中的一员，每一位在冬奥岗位上服务的研究生都尽职尽责、发挥力量，正是因为他们的付出和成千上万人的共同努力，才让我们、让世界看到了这场精彩的奥运盛会。北京冬奥会和冬残奥会已经落下帷幕，相信奥运会的经历会成为他们一生中最重要的记忆，奥运会的精神也会影响他们的一生。在这个冬天，他们将自身的工作价值贡献于冬奥会赛场的台前幕后，融入于伟大的奥林匹克事业，我们以他们为骄傲！

《洛阳晚报》对首都体育学院志愿者的报道

首都体育学院志愿者，谢谢你们

2022年3月13日晚
随着冬残奥闭幕式的结束
北京2022年冬奥会和冬残奥会落下帷幕
在全世界的见证下
一届精彩绝伦的奥运盛会画上圆满句号

首体院志愿者的服务保障工作顺利结束
在冬奥会和冬残奥会期间
他们代表首体院为双奥赛事贡献力量
奔忙服务于各个赛事场馆

在央视的志愿者短片中
首体学子的身影频频闪现
他们用专业的服务、热情的微笑
完美地展现了首体院的青春力量
彰显着首体学子的美好风采

今天
让我们对首体院志愿者说声感谢
为他们的辛勤劳动而骄傲
为他们的无私奉献而喝彩
首体院志愿者，谢谢你们！

首都体育学院志愿者阚文轩

首都体育学院志愿者胡红伟、贺千禧

首都体育学院志愿者徐楚钰、于超琛

首都体育学院志愿者李康康

首都体育学院冬奥志愿者：实干担当凝聚青春力量

首都体育学院作为北京市属唯一的体育高校，坚决把服务保障北京冬奥会的筹办举办作为首要政治任务，"主动对接、积极作为、不计代价、全力以赴"，举全校之力做好志愿服务工作。在市委市政府和北京冬奥组委的正确领导下，在团市委和学校党委坚强有力的保障下，首都体育学院志愿者以高度的责任感和使命感积极投身冬奥会和冬残奥会志愿服务工作中，努力发挥专业优势，展示青年良好形象，圆满完成了服务保障任务。

首都体育学院共选派 376 名志愿者，于北京冬奥会和冬残奥会期间前往北京赛区和延庆赛区，在国家体育场、国家体育馆、国家速滑馆、国家游泳中心、首都体育馆、五棵松体育中心、首钢滑雪大跳台中心、北京颁奖广场、延庆雪车雪橇中心和延庆颁奖广场 10 个场馆开展体育、媒体运行、文化活动、开闭幕式 4 个领域的志愿服务。其中，66 名志愿者在国家体育馆和国家游泳中心为冬残奥会提供服务。

完善组织机构，强化队伍建设

首都体育学院党委高度重视冬奥会和冬残奥会志愿者工作，将其作为开展学生思想政治教育、提升实践育人实效的重要契机。制定了《首都体育学院北京 2022 年冬奥会和冬残奥会服务保障工作方案》，成立了以党委书记何明，党委副书记、院长张霞为组长的志愿者服务保障工作领导小组，负责从学校层面组织领导、指挥调度相关工作，确保做好赛时志愿者的组织、保障和稳定工作。同时，学校专门成立了由校党委副书记王尚忠任组长，党委学生工作部、研究生工作部、校团委、各二级学院和相关部门负责人为成员的志愿者工作专班，组建了 11 支志愿者服务队，选派 11 名干部教师在冬奥会和冬残奥会赛时陪同志愿者进入闭环开展工作。赛事期间，首都体育学院志愿者工作体系运行流畅高效，各部门协调联动、配合默契，为志愿者高质量完成志愿服务任务提供了有力保障。

积极动员选拔，凝聚青春力量

2021 年 3 月，首都体育学院正式启动了冬奥志愿者储备人选招募工作。校团委发布志愿者招募公告，明确志愿者选拔条件和报名方式；各二级学院、研究生部分别召开动员会，帮助广大同学深刻理解志愿服务冬奥的重要意义。学生服务冬奥热情高涨，志愿者报名人数达 1300 余人，占在校可参与学生总数的 2/3。2021 年 4 月初至 2021 年 9 月上旬，学校配合冬奥组委体育、媒体运行、文化活动和开闭幕式 4 个领域，组织了 9 场专业志愿者面试，选拔志愿者储备人选 410 人。经过"相约北京"测试赛的锻炼和考察，最终确定了 376 名师生志愿者服务北京冬奥会和冬残奥会。

突出党团作用，上好思政大课

首都体育学院在服务冬奥的志愿者中建立

临时党支部和团支部，遴选优秀辅导员作为负责人，引导党员、团员亮身份、作承诺、明职责，充分发挥先锋模范作用。党组织、团组织在志愿者驻地积极组织理论学习、举办读书沙龙、进行交流分享、开展集体谈话、引导青年学生积极向党组织靠拢，在服务冬奥的过程中接受考验。党委学生工作部、校团委和各二级学院抓住学生服务冬奥会、冬残奥会的重大契机，进一步深化学生思想政治工作，引导学生在服务党和国家大事的生动学习实践中受教育、长才干、作贡献，加强学生理想信念教育，强化学生对"四个自信"的深刻认识，进一步增强学生振兴中华的荣耀感、责任感和使命感。

重视学习培训，促进能力提升

校团委组织志愿者利用北京冬奥组委信息与知识管理平台（IKM）开展线上课程的学习，帮助学生感受冬奥魅力、理解奥林匹克精神、掌握冬奥志愿服务知识；结合志愿服务工作需要和学校实际情况，开展英语口语、紧急救护、奥运礼仪、国家安全、心理健康和冰雪运动技能等方面的校内培训，丰富了学生的知识和技能储备。针对部分学生存在的英语基础薄弱，口语沟通能力差的弱点，首都体育学院专门为志愿者设计了特色培训方案，结合岗位工作要求，开展模拟情景口语对话演练，有效提升了志愿者的学习兴趣和口语水平。

合理协调安排，做好服务保障

为解决志愿者赛事期间无法正常上课的

实际困难，首都体育学院各部门积极配合，切实从服务大局、服务学生的角度出发，为志愿者设计了"课上同步直播—课后回看录像—及时落实公假"三位一体的解决方案，一方面帮助志愿者无论是在赛事服务期还是移出期，都能进行线上学习；另一方面针对因特殊原因确实无法参加课程学习的志愿者及时落实公假。针对部分志愿者需要参加教师资格考试的情况，学校与各场馆积极沟通，帮助学生协调移出时间，办理相关手续，解决了学生的后顾之忧。

首都体育学院冬奥志愿者（1）

全力保驾护航，做到"两个到位"

为预防志愿者因长时间闭环和高强度工作可能出现的倦怠、焦虑等负面情绪，有效提振志愿者士气，辅导员、本硕导师和心理辅导教师始终保持与志愿者的密切联系，通过线上深度辅导、视频会、电话沟通等形式了解志愿者的思想动态，切实做到思想政治工作和心理辅导工作"两个到位"。赛事期间，志愿者始终工作态度端正，服务热情高涨。

首都体育学院冬奥志愿者（2）

首都体育学院冬奥志愿者（4）

首都体育学院冬奥志愿者（3）

志愿者提升行动，强化育人实效

首都体育学院结合冬奥、冬残奥志愿服务工作实际，制定了《首都体育学院"冬奥志愿者提升行动"实施方案》，在赛事期间和志愿者移出期组织开展了"我与冬奥的故事"主题征文、"歌声燃动冰雪"线上 K 歌大赛、志愿者室内健身挑战赛等系列活动，将大学生思想政治教育与丰富的文体活动有机融合，实现以体育人、以文化人，增强首都体育学院志愿者的综合素质，有效提升了志愿者的凝聚力和战斗力。

做好激励保障，增强志愿者归属感

春节期间，首都体育学院校领导慰问留校过年的冬奥志愿者，与师生一起吃饺子、拉家常，畅谈参与服务保障冬奥会的感受。为保证志愿者赛事服务期间的生活质量和健康安全，学校为全体志愿者配发了包括 N95 口罩、酒精喷雾、润唇膏、保暖贴等保障物资的暖心礼包；赛事期间，针对各场馆志愿者的实际情况，学校还分批次加配了消毒湿巾、瑜伽垫、肌贴等物资，尽可能满足志愿者生活、学习的实际需求。自志愿者进入闭环到移出返校，学校始终保持与每名志愿者"点对点"联络，总务、保卫、场馆等部门 24 小时待命，随时为志愿者送去温暖、提供保障。

多渠道、多层次做好宣传工作，充分展示志愿者风采

为真实记录首都体育学院志愿者服务冬奥会、冬残奥会的工作情况，充分展示志愿者风

首都体育学院冬奥志愿者（5）

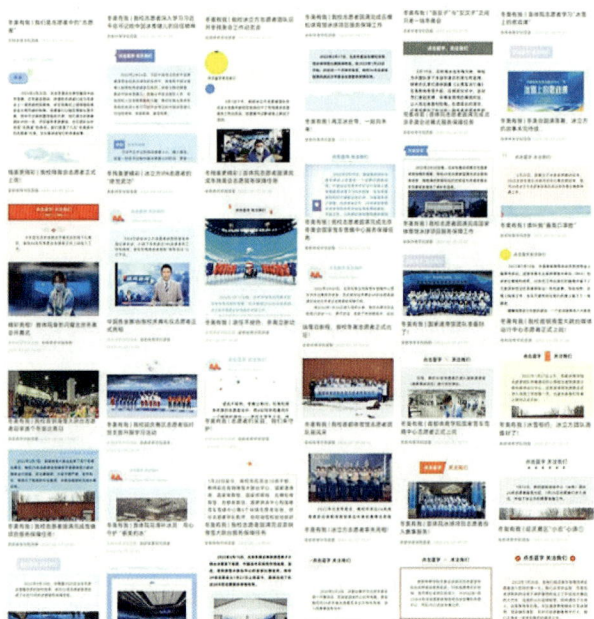

首都体育学院冬奥志愿者事迹宣传图集

采，学校内宣外宣齐头并进，多渠道、多层次做好宣传工作。学校官方微信公众号推出"冬奥有我"专栏，宣传志愿者赛事服务中的感人事迹及收获感悟；党委宣传部积极对接各大媒体，开幕式标兵、补冰员、颁奖礼仪等志愿者群体的先进事迹被多家媒体报道；拍摄制作《燃烧的雪花》《一起向未来》志愿者音乐短片，与光明网联合推出志愿者系列视频博客，在展示志愿者风采的同时，进一步激发志愿者的工作热情。

北京冬奥会和冬残奥会虽已胜利闭幕，但首都体育学院师生服务国家体育事业发展的初心不变、热情不减。未来，首都体育学院将继续秉承"以挑战者精神拼搏创新"的校训，按照"高水平、小而精、国际化、服务型"的办学定位，突出"体育教育、奥林匹克教育、体育人工智能、体医融合、文化与新闻传播、冰雪运动"六大办学特色，充分发挥"国际奥林匹克教育研究推广的国家队、体育强国和健康中国战略实施的主力军、体育科技创新的排头兵"作用，朝着创建中华体育精神和奥林匹克精神融合发展的世界一流体育大学的目标阔步前行！

第二章

NTO 坚守职责，
用专业服务见证冰雪荣耀

　　高水平裁判员是高质量办赛的有力保障。北京冬奥会申办成功之初，近1/3的冬奥会项目在我国尚未开展，运动员、教练员、裁判员及竞赛组织等人才队伍短板明显。为实现北京冬奥会"全项目办赛"人才培养目标，首都体育学院积极响应北京冬奥组委、国家体育总局号召，选派优秀教职工参与高水平裁判员队伍选拔与培养工作，经过层层选拔、培训、考核、实践，34名教职工最终进入冬奥会和冬残奥会国内技术官员（NTO）名单。赛时期间，全体首都体育学院NTO牢记使命与担当，凭借长期以来积累的技术经验和专业素养，在竞赛长、裁判长、竞赛办公室主任等核心岗位精益求精、专业履职，高质量完成执裁任务，受到各赛区运动员和国际技术官员的高度评价。只有让比赛更加顺畅，才能不负运动员的艰辛训练，让奥运健儿在比赛中绽放光彩。奋战在一线的NTO兢兢业业、热情友好、甘于奉献，他们所做的一切都是为了把中国最好的一面呈现在全世界面前，他们为北京冬奥会和冬残奥会贡献了智慧和汗水，圆满完成了国家交给的重大任务。这是一笔宝贵的精神遗产，参与过冬奥会和冬残奥会服务保障工作的教职工要把这份宝贵的经历传递给学生，这将为未来奥林匹克发展培养更多优秀人才，为中国奥林匹克事业发展播撒更多的种子。

首都体育学院教职工冬奥服务保障团全员就位

冬奥会在即，首都体育学院选派的 8 支教职工冬奥服务保障团全力以赴坚守岗位，毅然放弃春节与家人团聚的机会，全员按时到岗就位，以跑秒计时的状态、压线冲刺的干劲为服务保障冬奥会做足准备。

冬奥会期间，他们与首都体育学院其余 800 余名服务保障工作人员一起，积极参与到竞赛组织及执裁、国家队服务保障、新闻转播、冬奥宣讲、冰雪运动普及、赛会志愿服务等工作中，展现首都体育学院教职工拼搏创新的青春风采。

首都体育学院教职工冬奥服务保障团

首都体育学院高山滑雪项目团队全员就位

2022年1月26日，来自首都体育学院体教学院及冰雪运动学院的高山滑雪项目团队成员王成梁、庞博、靳勇、李文超、王金英5位教师全员就位，开始冬奥会服务保障工作。他们主要负责高山滑雪竞技项目运动员、NTO、官员、仲裁休息室的管理工作。

2022年1月28日，首都体育学院高山滑雪项目团队陪同接待高山滑雪项目领导安林彬部长视察竞技项目运动员休息室，共同检验提高服务工作质量，为北京冬奥会高山滑雪保驾护航！

首都体育学院高山滑雪项目团队

首都体育学院雪橇 NTO 团队全力投入首日竞赛活动

2022 年 2 月 5 日，北京 2022 年冬奥会迎来第一个比赛日。当晚 19：10，男子雪橇首轮比赛在延庆国家雪车雪橇中心开赛，自此，北京冬奥会 7 个大项之一的雪橇比赛正式拉开帷幕。

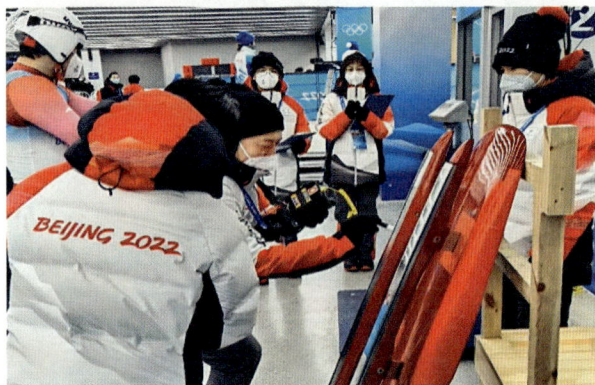

首都体育学院共有 10 名教职工作为雪橇 NTO 参加了北京冬奥会执裁任务，占雪橇 NTO 总数的 1/4，他们分别在裁判长、起终点长、竞赛办公室主任、测温称重长、发令员等核心岗位开展赛事服务工作。

赛时服务中，教师们在各岗位认真负责，精益求精，北京 2022 年冬奥会雪橇项目共产生男单、女单、双人和接力共 4 枚金牌，在赛事服务中，首都体育学院全体 NTO 秉持"以挑战者精神拼搏创新"的校训投入各岗位工作服务，全力以赴确保比赛的顺利进行，为冬奥贡献首都体育学院力量。

首都体育学院雪橇 NTO 团队全力投入首日竞赛活动

首都体育学院张家口赛区云顶滑雪公园打蜡房团队全力服务冬奥会备赛

首都体育学院张家口赛区云顶滑雪公园打蜡房团队负责服务该区 A、B、C 3 个区 6 条赛道，为全力服务冬奥会备赛，团队志愿者认真实地踏勘空中技巧、雪上技巧等赛场，进行平行大回转、障碍追逐项目打蜡、试蜡、试滑等繁忙的准备工作。他们不仅每天要加班到很晚，还要坚守夜间值班，但他们不怕苦不怕累，通力协作完成迎接各国运动员进驻打蜡房，积极保障冬奥会赛事需求！

首都体育学院张家口赛区云顶滑雪公园打蜡房团队

首都体育学院教师圆满完成北京冬奥会跳台滑雪和"北欧两项"NTO 工作

北京冬奥会跳台滑雪和北欧两项比赛于 2022 年 2 月在张家口赛区国家跳台滑雪中心和国家越野滑雪中心举行，首都体育学院教师苏如峰、鹿志海、夏岩作为学校选派的 NTO 参与了两个分项赛事的相关工作，3 名教师分别在跳台滑雪和"北欧两项"的竞赛办公室和场馆区担任主管和主管助理等重要岗位。

跳台滑雪和"北欧两项"是第一届冬奥会就进入冬奥赛事体系并且从未间断过的两个冬奥分项，有着悠久的发展历史和广泛的群众基

首都体育学院教师圆满完成北京冬奥会跳台滑雪和"北欧两项"NTP工作

础。北京冬奥会跳台滑雪和北欧两项是我国首次举办这两个项目洲际杯以上层次的赛事，因而对于我国和世界跳台滑雪和北欧两项项目的发展均有重要意义。北京冬奥会跳台滑雪共产生5枚金牌，"北欧两项"共产生3枚金牌。两个分项赛事的赛程紧致有度、精彩纷呈，吸引了众多国内外媒体的关注。

3位教师秉承学校"主动对接、积极作为、不计代价、全力以赴"的工作要求，以高度负责的工作态度、认真仔细的工作作风，在各自岗位上出色地完成了任务，得到了北京冬奥组委领导和国际雪联专家的高度评价。赛事期间，3名教师积极投身于宣传学校"体医工"融合发展模式和北京国际奥林匹克学院建设情况，与国际奥委会、国际雪联等国际体育组织及国内兄弟院校、政府企业等广泛展开交流，充分展示了首体人干事创业的拼搏创新精神和赛事组织能力。

首都体育学院张家口赛区 NTO 团队助力我国自由式滑雪空中技巧项目创佳绩

2022年2月10日、14日、16日，张家口赛区捷报频传，首都体育学院冯伟、朱丹、高文静老师助力我国自由式滑雪空中技巧项目运动员获得两金一银，创造历史最好成绩。

自由式滑雪空中技巧项目是我国雪上优势项目，曾在过去的冬奥会比赛中取得11枚奖牌，但是北京冬奥会之前只有韩晓鹏在2006年都灵冬奥会中拿到1枚金牌。该项目在北京冬奥会共产生3枚金牌，中国队凭借出色的发挥取得两金一银的好成绩，尤其是女子单人项目取得了重要历史突破，证明了我国在该项目中的整体实力已达到世界领先水平。

张家口赛区的冯伟、朱丹、高文静3名教师是在完成云顶雪场的自由式滑雪雪上技巧的比赛服务保障后又无缝衔接地投入自由式滑雪空中技巧项目的工作，圆满地完成了各自岗位

首都体育学院张家口赛区 NTO 团队

的工作任务，见证了历史性的突破。

在该项赛事中冯伟老师负责各国参赛运动员的打蜡、试蜡、试滑的赛前准备工作，朱丹老师负责赛事裁判塔与世界各地新闻媒体的沟通、协调工作，高文静老师在竞赛办公室负责赛事联络工作。

李春治：勇毅前行的力量源于始终坚守的初心

2022 年 2 月 4 日晚 8 点，第 24 届冬奥会在北京盛大开幕，本届冬奥会适逢中国农历春节，从贴春联、吃饺子到火遍全球的"冰墩墩"，中国文化元素与冬奥会碰撞出令人目不暇接的绚丽色彩，北京向全球展示了其作为首个"双奥之城"的独特魅力。李春治表示自己很荣幸能够作为首都高校的一分子参与冬奥会筹办举办的多项工作中，更骄傲自己拥有的另一个身份——2022 年北京冬奥会雪橇项目国际裁判员。

心之所向

回想北京时间 2015 年 7 月 31 日，国际奥委会第 128 次全会的投票环节中，北京击败唯一的对手阿拉木图，正式当选为 2022 年冬奥会主办城市，继成功举办 2008 年奥运会之后，北京再一次迎来奥林匹克盛事，成为全球第一座举办过夏季奥运会与冬季奥运会的"双奥之城"。北京奥运会的成功举办，不仅为奥林匹

首都体育学院教师李春治（1）

首都体育学院教师李春治（2）

克运动的历史增光添彩，更向世界展示了一个充满活力的国家形象。北京，历史上首座"双奥之城"，张开双臂向世界发出召唤：让我们一起向未来！于是，李春治也开启了自己的冬奥畅想。

结缘冰雪

高水平裁判员是高质量办赛的基本保证。北京冬奥会申办成功之初，近1/3的冬奥会项目在我国尚未开展，运动员、教练员、裁判员及竞赛组织等人才队伍短板明显。为实现高质量办赛的目标，从2017年开始，北京冬奥组委、国家体育总局便开展高水平裁判员队伍选拔与培养工作，经过"扩面、固点、精兵"阶段，实现了全项目裁判员建队培养，为实现北京冬奥会"全项目办赛"奠定了坚实的人才基础。雪橇NTO团队培养也因此拉开了序幕，首都体育学院雪橇NTO团队正式与冬奥结缘，李春治与冰雪的缘分从此开启。

坚守初心

首都体育学院作为北京市属唯一的体育高校，建校60多年来，学校的发展始终与奥林匹克事业在中国的飞速发展相伴相随，学校党委将服务和保障冬奥会筹办举办作为首要政治任务，号召动员全校师生以"主动对接、积极

作为、不计代价、全力以赴"的坚定信念，举全校之力做好各项服务保障工作。自2018年以来，为响应冬奥组委和国家体育总局号召，学校陆续选派近60名教职工参加冬奥相关项目的裁判员选拔与培养，其中，有10名教职工参加了雪橇项目裁判员的选拔工作，占本次冬奥会雪橇项目NTO总量的1/4，他们秉承着"以挑战者精神拼搏创新"的校训精神，勇担新时代体育人的光荣使命，立志为举办一届"简约、安全、精彩"的冬奥盛会贡献体育人的独特力量。

成长蜕变

2018年10月，经北京冬奥组委体育部与国家体育总局冬季运动管理中心研究决定，首期雪橇国际级裁判员暨北京2022年冬奥会NTO培训班在陕西西安举办，李春治第一次全方位地了解了雪橇项目，系统学习了雪橇项目规则。因首次培训考核优秀，2019年1月，他作为雪橇裁判学员代表之一被北京冬奥组委选派参加了在德国温特贝格举办的雪橇世锦赛。近距离学习观摩了世界顶级雪橇项目的办赛全过程，并首次进行了裁判员岗位的实习工作，为后续的裁判员学习成长奠定了坚实的理论与实践基础。2019年7月以来，这支队伍先后

又参加了多期国内雪橇裁判员培训、场地预认证、"相约北京"系列测试赛等工作。2021年11月，他们圆满完成了国际雪橇联合会国际训练周和雪橇世界杯的赛事执裁工作，顺利通过了国际雪橇联合会的严格考核并获高度认可，实现了从"青铜"到"王者"的蜕变。

勇毅前行

2022年2月5日，北京2022年冬奥会迎来第一个比赛日。当晚19：10，男子雪橇首轮比赛在延庆国家雪车雪橇中心上演，自此，北京冬奥会7个大项之一的雪橇比赛正式拉开帷幕，在6个比赛日当中，全体首都体育学院NTO教师团结一致，互帮互助，发挥了良好的团队合作精神，牢记使命与担当，长期以来积累的技术经验和专业素养让NTO对岗位职责、场地环境以及竞赛队伍都非常熟悉，凭借丰富

的专业知识、扎实的执裁技能，在各自岗位认真负责、精益求精，顺利完成了男子单人、女子单人、双人及接力4个项目的执裁工作。让比赛更顺畅，才能不负运动员的艰辛训练，让奥运健儿在这片场地上绽放光彩，把中国最好的一面呈现在全世界面前，雪橇NTO做到了，他们为冬奥贡献了智慧和汗水，圆满完成了国家交给的重大任务。

乘着北京冬奥会的东风，冰雪运动的种子已遍布全国、落地生根。国际奥委会主席巴赫说过："北京冬奥会将改变整个世界的冬季运动格局。"北京冬奥会是中国冰雪运动高质量发展的新起点，中国将以成功举办北京冬奥会为契机，促进冰雪运动更可持续、更加均衡、更加全面地发展，为世界冰雪运动和国际奥林匹克运动贡献中国力量。

史衍：忙碌而充实的雪车项目裁判长

北京冬奥会赛事正热，奥运健儿风采持续在赛场上绽放。作为雪车项目裁判长，史衍的每一天都忙碌且充实。

好的体育比赛必须有素质良好、富有竞争意识的运动员，有综观全局、运筹帷幄、指挥若定的教练员，还要有一套可以共同遵守的比赛规则以及监督这些规则执行的裁判员。NTO是冬奥会国内技术官员的简称，也是赛事技术代表、竞赛官员、裁判员、计量官员的总称。

史衍曾是一名学生运动员，后来成为高校体育教师，随后又作为国家柔道队体能教练员

参加过两届夏季奥运会。2019年11月，他通过了国际雪车联合会组织的雪车、钢架雪车项目国际级裁判考试，获得国际级裁判员资格。随后，他积极通过影随观摩就雪车与钢架雪车赛事中竞赛规则、竞赛体系、竞赛实施与突发情况以及竞赛工作人员的职责与任务等方面的内容，进行见习实操工作。同时，史衍针对延庆赛道具体情况，就如何提升国内技术官员标准化操作能力，如何对项目竞赛流程、裁判、器材控制、医疗、计时、称重等内容进行设置；并对如何提升应对疏漏与突发事件的风险

首都体育学院教师史衍

把控能力进行了深入的研究。

作为赛事裁判长，他通过监控设备以及接收来自各方人员的反馈信息，对整个赛事过程进行协调和监控，保证比赛顺利进行。负责人员安全、竞赛起点、终点区域、交通与媒体等方面管控工作，着眼于赛事全局的变化，必须具有赛前预判、事后复盘的能力，特别是甄别赛事各个岗位工作流程与疑点环节，确保所有的仲裁决定能够有效执行。

学校党委高度重视、统筹规划，学校冬奥会工作领导小组明确分工、层层落实，抢抓历史机遇，举全校之力，全面推进冬奥会服务以及奥林匹克教育工作，以扎实的专业知识和专业技能服务 2022 年北京冬奥会。史衍执裁期间，积极参与央视频道的奥运知识推广工作，广泛普及雪车、钢架雪车及雪橇 3 个运动项目。

作为 NTO，史衍充分展示了学校教师过硬的业务能力和良好的专业素养，是学校不断加强人才队伍建设和专业建设的成果展现。

李文超：从"北京欢迎你"到"一起向未来"的"双奥"感悟

北京是目前唯一既举办过夏季又举办过冬季奥运会的城市，作为一名体育人，能够亲身参与两次奥运会，可以说是一种幸运，也是人生的高光时刻。李文超是首都体育学院体育教育训练学院田径教研室的一位教师，他就是"双奥"亲历者。

得知 2008 年夏季奥运会申办成功的消息后，李文超心中就燃起了一团火，参加 2008 年北京奥运会成为他心中的一个梦想。在 2007 年年初北京奥组委开通相关申报程序时，李文超即刻积极主动申报，经过笔试、面试的层层筛选，最终加入了国家体育场田径竞赛团队综合事务办公室团队，负责赛前公文处理、组织管理NTO团队、培训志愿者等工作。

一开始，面对全新的工作，他也觉得心里没底。但功夫不负有心人，经过不断地加班学习和摸索，李文超逐渐适应了岗位工作。在2008年李文超荣获北京奥组委国家体育场颁发的"优秀个人"荣誉称号和"五好个人"荣誉称号。

2021年，李文超在学校看到冬奥会NTO招录通知时，便毫不犹豫地报名，过了不久就收到来自北京高山滑雪工作团队的正式培训通知，培训后，李文超凭借在理论考核和"相约北京"冬奥会测试赛实践考核中的优异成绩，最终被任命为2022年北京冬奥会高山滑雪NTO成员。

这样的成就并非偶然，而是和李文超的成长经历息息相关。李文超来自东北，从小就接触滑冰滑雪运动，对冰雪项目早已熟悉，在空闲时滑雪的习惯保留至今，对冰雪运动有着特殊的热爱。北京冬奥会期间，他在国家高山滑雪中心的赛场上发光发热，与4名首都体育学院的同事一起保障高山滑雪赛事的顺利运行。

从2008年的"北京欢迎你"到2022年的"一起向未来"，从夏奥的竞赛管理者到冬奥的NTO，两次奥运、两种角色，不变的是一名体育事业工作者为奥运奉献的心。亲身参与"双奥"的他，希望自己在今后的工作中能够不断以挑战者精神拼搏创新，与首都体育学院一起迎接更加美好的未来！

首都体育学院教师李文超

赵宪志：从北京高校优秀辅导员到北京 2022 年冬奥会雪橇 NTO

赵宪志，雪橇项目国际级裁判员，现担任首都体育学院休闲与社会体育学院专职辅导员，北京冬奥会期间在延庆国家雪车雪橇中心担任雪橇项目 NTO。

从辅导员到裁判员，从教育学生到服务冬奥，身份的转变，职责的跃迁，他有着个人的"三守二变"。

初心不改，坚持奉献

"与体育逢缘，为体育奉献"，毕业于中国人民公安大学的赵宪志在高中时期便与体育结缘。作为一名篮球专项运动员，他曾想报考体育专业院校走专业道路。身为体育人，本就对体育事业有着无限向往，对体育赛事以及奥运会更是无比憧憬。"入职首都体育学院，只因我是体育人。"教一方人，圆一场梦，成为体育人的"园丁"，这是他梦寐以求的事业。在冬奥会筹备期间，身为雪橇项目国际级裁判

员能够参与服务冬奥，是一名体育人的圆梦之旅，往返学校与延庆两地，为的正是奉献冬奥。

知行知信，坚守岗位

为冬奥会服务，扎实学习雪橇项目规则，严格遵循冬奥组委规章制度，是 NTO 的必修课。服务期间，本职工作亦未有丝毫松懈。"要使学生能在学习上有所成绩，必须有制度作保证。"赵宪志将学生教育与管理始终放在第一位。面对学生的各种疑难，他言传身教、以身作则。事事守规矩，事事有依据，成为学生管理工作的基础。在冬奥组委工作期间，学习管理制度、紧抓自身建设，引流扩渠，最终回归学生管理。

以身作则，服务冬奥

赵宪志身为党员，他明晰党员责任；身为学生支部书记，他明晰书记任务。在学生党建

首都体育学院教师赵宪志

工作中，始终以学生公共能力培养为主线，坚持做到推动党校、思政工作延伸至学生主题教育中。得闻冬奥会志愿者选拔，赵宪志第一时间组织学生参选，凝聚党员服务冬奥。"服务冬奥是十分光荣的，在京读书逢遇冬奥也很难得，大家积极争取，为国家献力。"秉承着这份执着，他先后组织 70 余名学生志愿者参与冬奥会志愿工作，服务冬奥会。

身份转变，教育不变

面对活泼而富有个性的"00后"学生，赵宪志有自己的观点，更有自己的主张。在就职初期，面对不同年龄段、不同地区的学生他也曾束手无策，但他熟知只有通过沟通才能架起心与心之间的桥梁，要先做一个合格的聆听者。沟通具有"乘数效应"，有效的沟通能在认识上产生认同、情感上发生共鸣、思想上实现升华，是取得良好教育效果的关键，是思想教育的主要工程。现今，谈起与学生的交往，他的嘴角便会不自主地上扬。俯下身子去倾听学生，学习学生的语言体系，学习学生的价值判断，"反转课堂"是有成效的。伴随着这份经历，赵宪志冬奥会执裁的工作更是得心应手，了解工作所需，理解工作部署，与成员协作也更加恰当。

夏岩：四年磨一剑，服务冬奥志存高远

2022 年北京冬奥会已经圆满落下帷幕，首都体育学院休闲与社会体育学院的夏岩担任了跳台滑雪和北欧两项的 NTO，出色完成了该项赛事的服务保障工作。

赛前阶段，夏岩承担场馆团队的主管工作，主要负责上传下达、沟通联络、组内工作安排等。其中，夏岩与团队成员共同完成场馆团队岗位人员分工与工作职责，场馆团队岗位示意图，赛前铁马的搬运与搭建，场馆各区域防滑垫铺设，NTO 休息室、FIS 器材检测室布置以及设备调试、景观搭建等工作。

赛时阶段，夏岩作为场馆团队主管助理，协助主管与山地运行团队配合，带领 NTO 及志愿者进行竞赛场地区域雪面平整与围挡安

首都体育学院教师夏岩（1）

首都体育学院教师夏岩（2）

装；与 ACCESSCONTROL 团队协同配合，完成运动员通道通行管控；与着陆坡装饰团队配合，完成场地内"Beijing 2022"的景观布置。

四年磨一剑，自 2018 年年底的第一次参加 NTO 培训以来，夏岩凭着一份体育人服务冬奥的初心，克服重重困难，参加了数次岗位培训并经历了跳台滑雪和"北欧两项""洲际杯"赛事的实战演练，成为熟知这两项竞赛项目的 NTO，工作期间遵守各项纪律，高效地完成了冬奥赛事的服务保障工作。

靳勇：从夏奥到冬奥，角色不同，服务双奥

从 2008 年北京奥运会到 2022 年北京冬奥会，北京成为世界上第一个"双奥之城"。能够同时参与两次奥运会，无疑是每一个体育人的梦想。首都体育学院体育教育训练学院篮球教研室的靳勇，就用不同的身份实现了为"双奥"服务的梦想。

2008 年北京奥运会，靳勇应北京广播电台的邀请，作为北京奥运会篮球特邀解说嘉宾，参与了奥运会篮球比赛的解说工作。北京奥运

首都体育学院教师靳勇（1）

会期间，靳勇以多年来良好的专业素养，结合自己对比赛的理解，成功解说了多场奥运会篮球比赛，并多次在赛后接受媒体的采访，对篮球比赛进行点评，获得了业内的一致好评。尽管圆满地完成了北京奥运会的解说任务，但是这种"外围"的服务奥运的工作，还是让他心存遗憾。

2021年北京冬奥会NTO招录工作开始后，靳勇看到了真正的近距离服务奥运的机会，在经过报名、培训、参加测试赛等一系列程序后，靳勇正式成为北京冬奥会高山滑雪项目的NTO成员。作为2022年北京冬奥会高山滑雪竞技项目准入控制团队的一员，他的主要工作是协助高山滑雪竞技项目赛道的各项工作顺利进行，配合赛事安全有序进行，配合各国运动队按时训练、协助救援队进行演练以及协调赛道平整和修复等各项工作；同时，检查和甄别不同检查点的通行标识，对雪道出入口进行严格管控，仅允许佩戴辅助通行物的工作人员进入，维护赛场的次序与安全，确保赛道上人车安全。因此，只要赛道开始运行，就一定有准入团队的身影。在赛前和赛中团队每天连续工作时间长达8～10小时，克服了零下20摄氏度的严寒、15米/秒的大风、大雪等诸多困难，圆满完成了赛道准入控制工作，保证了赛道平整、训练、比赛、救援、电力保障等工作的顺利有序进行。受到了中外运动员、教练员、媒体人员等各类人员以及领导和同仁的好评。

作为首都体育学院（北京国际奥林匹克学院）的教师，从夏奥到冬奥，靳勇以不同的角色参与和服务了两次奥运会，虽然角色不同，但是服务奥运的心始终未变。

首都体育学院教师靳勇（2）

刘超：执着坚守，不懈前行

2022年北京冬奥会落下帷幕，冬奥闭环内没有发生聚集性疫情，全球运动员、教练员、官员们纷纷称赞冬奥场馆设施周全、赛事组织严密以及中国人民的热情好客。刘超作为雪车、钢架雪车NTO，能在平凡的岗位上认真工作，奉献自己的力量，深感无比自豪。疫情之下，北京能为世界呈现出如此高质量的冬奥盛会，再一次向世界展示了中国的强大国力，让各国看到了中国的魅力！北京冬奥会期间，刘超有幸见证了中国车橇项目在冬奥赛场上取得的历史性突破、看到了获奖时运动员们的欢呼和泪水，这些美好瞬间都将印刻在他的心中。

执着坚守

北京冬奥会刘超担任雪车项目存车库主管，带领团队团结合作，全力配合起点和终点

首都体育学院教师刘超

区域，灵活应对突发情况，保证准时开赛。存车库工作是保证比赛顺利进行的重要环节，包括赛前准时准确指挥雪车出库和赛后及时高效指挥雪车入库。赛前要检查车库、分配车库、张贴标识、配锁钥匙、布置场地示意图；赛中要协助提供运动员所需各种物品、张贴出发顺序、交通引导、出入库明细；赛后还要清点车辆、检查车库、保障运动员离开、汇总各类问题上报解决等。

不懈前行

在看到运动健儿在运动场上努力拼搏、为国争光时，作为NTO，刘超心里油然而生一股自豪感。虽然无法在赛场上与其他运动员一起拼搏心里有些遗憾，但是能够在自己的岗位上认真工作，尽自己的努力为每一场比赛提供最好的服务让他深感骄傲与自豪。同时，作为一名党支部书记，作为一名孩子刚出生几天就离开家投身冬奥赛场的父亲，"不忘初心、牢记使命"是他铭记于心的誓言。刘超会将奥林匹克精神和在奥运会上的所见所闻带回学校，将冬奥精神转化为工作动力，以更加饱满的热情投入到本职工作中，在工作岗位上奋斗坚守，履职尽责，不懈前行。

高绿路：不忘初心，圆梦冬奥

随着冬奥会主题曲《雪花》的悠扬旋律，历时 16 天的第 24 届冬季奥林匹克运动会圆满落下帷幕。高绿路作为雪车、钢架雪车 NTO，内心激动又骄傲。北京作为全球首个"双奥之城"，克服疫情影响再次为世界奉献了一届令人难忘的奥运盛会，再次向世界展现了中国人民积极向上的精神和力量，书写了奥林匹克运动新的传奇！

缘起

2015 年 7 月 31 日，北京正式当选为 2022 年冬奥会主办城市。北京作为目前全球唯一的"双奥之城"，既要充分彰显中国弘扬奥林匹克精神、促进人类团结友爱的大国担当，又要展示新时代中国阳光、富强、开放的良好形象。

北京冬奥会申办成功之初，近 1/3 的冬奥会项目在我国尚未开展，运动员、教练员、裁

首都体育学院教师高绿路

判员及竞赛组织等人才队伍短板明显。为实现高质量办赛的目标。2017年，北京冬奥组委、国家体育总局开展高水平裁判员队伍选拔与培养工作，高绿路也开始了与冬奥雪车、钢架雪车的结缘之旅。

2019年11月，高绿路通过国际雪车联合会组织的雪车、钢架雪车裁判员考试，获得国际级裁判员资格。随后因考核优秀，被北京冬奥组委选派参加了于加拿大惠斯勒举办的世锦赛，影随观摩世界顶级雪车、钢架雪车项目的办赛全过程，并首次进行了裁判岗位实习工作，为后续的裁判专业学习成长奠定了坚实的理论与实践基础。随后，高绿路相继参加了多期雪车、钢架雪车NTO培训、场地预认证、"相约北京"系列测试赛等工作，为冬奥会积累了宝贵经验。

责任

北京冬奥会期间，高绿路作为裁判长助理与全体NTO团结一致，牢记使命与担当，凭借丰富的专业知识、扎实的执裁技能，严格按照竞赛规程、服从竞赛组织安排，认真负责、精益求精，圆满完成了雪车、钢架雪车预训练、官方训练和正赛执裁工作。作为裁判长助理，需要着眼于赛事全局的变化，具有赛前预判、事后复盘的能力，必须熟悉竞赛规则、竞赛体系、竞赛实施与突发情况以及竞赛工作人员的职责与任务等方面的内容；赛时在竞赛主任与仲裁指导下开展工作，负责与仲裁沟通并有效执行仲裁意见，同时对整个赛事过程进行协调和监控，指导监督赛道起点区域、终点区域、竞赛办、存车库等各区域按分工要求完成工作任务，保证比赛顺利进行。

保障比赛顺畅，为赛事提供优质服务，让运动员在赛场上发挥出最好的水平，让奥运健儿在这片场地上绽放光彩，这是NTO的职责，雪车、钢架雪车NTO团队全力以赴，圆满完成了国家交给的重大任务。高绿路也代表雪车、钢架雪车NTO接受了国际雪车、钢架雪车联合会授予的荣誉证书。

感悟

不忘初心，用努力托举梦想；勇毅前行，以奋斗圆梦冬奥。参加冬奥服务，承担的是责任，奉献的是汗水，实现的是人生价值。所有的运动员都面带微笑地和你致意，感谢工作人员的努力和付出。在没有抱怨、没有抗议、大家都享受着比赛的氛围里面，高绿路结束了北京冬奥会的执裁工作，她感慨地说，"这一切展示了新时代我们的精神风貌，让全世界了解中国人民，了解中国的热情。"当比赛结束后，所有的运动员和你碰拳致敬，所有的技术官员和你拥抱庆祝，这一刻的感受，正是奥林匹克精神所在。能够亲历奥运是高绿路作为高校体育人的幸运，能够参加北京冬奥会并为赛事贡献自己的力量，她感到非常自豪。当高绿路在比赛现场见证我国运动员一次又一次地突破自我、创造奇迹的时候，她由衷地为祖国感到骄傲和自豪。她表示一定要把这种努力拼搏、实现超越的奥林匹克精神带回并融入本职工作中，不断在工作岗位上实现自我突破，以过硬的工作作风书写崭新的篇章！

王丽：初心未变，岁月为证

举世瞩目的北京 2022 年冬奥会已落幕，本届冬奥会被国际奥委会主席托马斯·巴赫称为无与伦比的一届冬奥会。2022 年 2 月，王丽有幸作为北京 2022 年冬奥会雪橇项目 NTO 参与其中，圆梦五环之下。

王丽对于体育运动的情结源于她在小学二年级时 1990 年北京亚运会的举办。电视是那个时代的奢侈品，当她第一次在电视上听到《亚洲雄风》振奋人心的歌词和节奏，看见体育健儿的顽强拼搏、斗志昂扬的精神风貌时，她抑制不住自己激动的心情，跟着运动员们一起欢笑、一起流泪。现在王丽知道原来那就是她儿时还不太能理解的：体育运动是最能磨炼意志、鼓舞人心、激发民族自豪感的一件事情。

奥运会是集体育精神、民族精神和国际主义精神于一身的世界级运动盛会，象征着世界的和平、友谊和团结。和平、友谊、团结就是奥运精神。奥运精神让运动员登上竞技巅峰，得到尊敬与荣誉，让平凡的每个人拥有丰富多彩、积极向上的生活。永不放弃、永不言败的奥运精神让我们以不抛弃、不放弃的心态面对困难，以竞争、拼搏、开拓进取的心态坚韧地面对生活，让每个人最终都拥有不一样的出彩人生。

启程

因客观原因没能参与北京 2008 年夏季奥运会，王丽曾无数次在梦中编织奥运五环以解开心里浓浓的奥运情结。10 年后，2018 年 9 月的一天，看到学校发布的招募北京 2022 年冬奥会雪橇项目 NTO 国内技术官员的通知，她毫不犹豫地报了名。

2018 年 10 月，经过上报个人材料、上级审核、选拔等流程，王丽成为有资格参加陕西体育局冬运中心承办的国内首届雪橇 NTO 培训的人员。培训内容是雪橇运动的基本规则、雪橇的结构及冬奥会雪橇项目的概况等。经过 4 天的全英文培训，白天听讲记笔记，晚上查资料复习，她最终通过了考核。

2019 年 6 月，北京冬奥组委在首都体育学院举行了第二期雪橇 NTO 培训班，白天听课、

首都体育学院教师王丽

晚上挑灯夜战，熬夜学习也成了配套动作，4天的培训后王丽以高分通过了全英文的笔试和面试。2020年1月，国际雪橇联合会为所有通过考核的人员颁发了国际雪橇裁判员证。

成长

2020年11月，根据要求，王丽参加了国家雪车雪橇中心预认证活动。因疫情影响而延迟的赛道预认证工作在大家的共同努力下圆满完成。那时"雪游龙"雏形已现，看见壮美宏大的赛道，王丽内心充满自豪，想象着它身披五环、运动员飞驰而下的热烈画面。

2021年2月春节期间"相约北京"测试赛雪橇邀请赛开幕，裁判长分配王丽到竞赛办公室，主要负责制作比赛所需要的表格、参与领队会议记录、协助裁判长掌控比赛流程等。

2021年11月，雪橇国际训练周和世界杯拉开帷幕，王丽负责竞赛办公室工作，记录了为期14天的训练周和世界杯（10天国际训练周、2天官方训练、2天世界杯）的4401次滑行，所有运动员出发顺序、出发起点、滑行成绩都详尽记录。除此之外，她还要与各部门、各点位密切联系，收集记录好各点位上报的工作内容，并对每日的重点工作进行总结归纳，撰写了NTO工作日报13篇。

亮相

2022年2月4日，北京冬奥会如期开幕。王丽在冬奥会工作过程中始终维护国家和集体的利益和名誉；对待工作严肃认真，态度端正，勇挑重担，团结协作，严格遵守北京冬奥组委的各项规定。整理归档的过程不仅是厘清

官方训练和奥运比赛过程中所有运动员出发顺序、滑行成绩的过程，同时也是收集保存中国第一次举办冬奥会宝贵资料的过程，工作中时刻产生的自豪感是激励她全心全意工作的动力。

王丽担任的是NTO团队竞赛办公室主管，主要工作是协调统筹以下工作：①做好每日档案的整理、归类与存档。在每天训练或比赛前打印出发顺序表，将最新的表格发送给各个点位负责人或是打印出来分发给各点位负责人。每天结束训练和比赛后，统计每日训练或比赛的成绩。②对每日的重点工作进行总结归纳，撰写NTO工作日报10篇；填写"雪橇竞赛团队每日运行情况报告"11篇。③做好防疫物资和比赛用品的申领和发放，做好工作用手台的发放和回收；做好各项比赛号码衣发放；在裁判长的指导下，配合各点位做好赛场环境设计和布置，全要素演练。④协助竞赛团队工作人员做好四次领队会会议场地布置，做好领队会会议记录，组织撰写4篇领队会纪要。⑤强调各点位防疫工作要求，加强所有NTO和志愿者防疫意识。

北京2022年冬奥会是国际性大型体育赛事，王丽表示能参与其中是上级领导对她的认可，感谢首都体育学院、运动科学与健康学院的领导与同事对她参与冬奥工作的理解与支持。相信这份宝贵的人生经历将一直伴随王丽，回归学校工作后她将继续发扬冬奥精神，为校服务，为体育事业献身。希望2022年北京冬奥会之后雪橇项目在中国更加普及，我国的冬季运动项目能蓬勃发展！

庞博：当技术官员很荣耀，为冬残奥会服务需更注重细节

在北京冬奥会和冬残奥会期间，作为 NTO 国内技术官员，庞博担任高山滑雪竞技项目运动员、官员、仲裁休息室的主管。他需要每天总结训练期间各国运动员、仲裁的需求，第一时间进行完善，以保障正式比赛时各环节更流畅地运转。

兼顾 6 个休息室，比赛日凌晨 3 点半起床

北京是"双奥之城"，作为首都高校教师，能够以 NTO 的身份在北京冬奥会和冬残奥会上发挥自己的专业特长、贡献力量，庞博认为是自己毕生的荣耀。

作为一名高校体育人，同时也是一名滑雪爱好者，庞博得知高山滑雪比赛选拔 NTO，第一时间就报了名。他作为国家级裁判，有着全运会、全国青运会、中国网球公开赛、戴维斯杯等大型赛事的执裁经验，这让他得以顺利通过学院和学校的层层选拔，入围冬奥会高山滑雪项目的候选名单。

为了更好地完成工作，前期，他参加了国家体育总局冬季运动管理中心组织的多期线上理论学习和培训，并熟练掌握了国际雪联高山滑雪项目的中英文规则。

2021 年 2 月 15 日至 2021 年 2 月 27 日，"相约北京"全国高山滑雪邀请赛及全国残疾人高山滑雪邀请赛在延庆国家高山滑雪中心举行。该邀请赛是北京冬奥会和冬残奥会的测试赛，

首都体育学院教师庞博

对高山滑雪项目的顺利进行具有重要意义。庞博放弃了春节假期的休息时间，以 NTO 身份全程参加了赛事服务工作，并圆满完成赛事任务。2021 年年底，他正式入选冬奥会和冬残奥会 NTO 名单。首都体育学院共有 58 名教职工作为 NTO 参加高山滑雪、越野滑雪、雪车雪橇、花样滑冰、轮椅冰壶等冬奥会项目竞赛服务，其中，高山滑雪项目共有 5 名教师。

兴奋激动之余，庞博肩上又多了一份使命和责任。因为他英语较好，且有大赛的组织管理经验，在岗位分配时被确定为运动员、官员和仲裁休息室的主管。

他所在的工作团队由 8 人组成，岗位涉及 6 个休息室，分布在 3 个距离较远的不同位置。作为主管，他每天要兼顾每个休息室，而从一个工作区域到另一个工作区域步行平均需要 15 分钟。

到了比赛日，大家凌晨3点半就要起床，然后乘坐班车赶往工作地点，但是没人叫苦叫累。每天早上，他都会搭乘第一趟班车去赛场，检查不同区域的休息室，一方面可以做到对工作环境心中有数，另一方面也可以提前把室内暖气打开。他们所处的工作环境位于海坨山，海拔高度在1500米左右，夜间气温最低可达零下20摄氏度。他每天早到20分钟，其他同事到达的时候，室内就暖和了许多。

为国际雪联仲裁庆生获网友点赞

冬奥会期间，各部门之间通力协作、互相支持，一些工作细节让组员们感受到了来自集体的温暖。

刚开赛时，餐饮工作人员发现运动员休息室桌椅和电暖器不足，由于上山只能乘坐缆车，无法运输桌椅，庞博与体育部门工作人员沟通，问题当天就得到了解决，压雪车上山清雪时将全部物资运输到位，帮他们解决了棘手问题。

北京冬奥会期间，恰逢中国春节和元宵节。庞博和NTO的同事一起在赛场上欢度佳节，很多外国运动员十分喜欢中国传统文化，主动领取中国结、窗花等饰品，见到他们时也会主动送上新春祝福。

比赛期间，得知国际雪联仲裁Anne的生日，仲裁休息室的工作人员王艺潭提出了为其庆生的想法，庞博评估了可行性后报批。因为条件有限，NTO组内成员从闭环内酒店定制蛋糕，并在上面设计了独特的奥运五环图案。安检、乘坐大巴、缆车……蛋糕经过30千米的路程从酒店被送到赛场。

当天比赛结束后，大家在国际雪联仲裁休息室为Anne送上生日的惊喜。视频中，Anne在看到蛋糕的瞬间放下手中电脑从座位上站起来，感动得直抹眼泪。

赛事结束后，NTO组内成员将录制的博客视频发布到网上，截至2022年2月底获得近500万次的播放量和25万个点赞。网友也纷纷留言，称赞工作人员的暖心举动和中国人的热情好客。

冬残奥会对工作细节要求更高

结束冬奥会服务不久的庞博，立刻又投入冬残奥会的准备工作。

北京冬残奥会高山滑雪项目包括回转、大回转、超级大回转、全能、滑降，共产生30枚金牌，每项比赛分站姿、坐姿、视力障碍3个组别，根据残疾程度不同，共有13个级别。

与冬奥会相比，冬残奥会对工作的细节要求更高。目前国际普遍认同的残疾人服务理念及惯例主要有"平等、尊严、适用"。在服务冬残奥会期间，庞博和团队将在职责范围内做到有求必应，并根据实际情况和个人需求，将服务做到恰到好处。

要注意交谈时目光要平视，工作人员可以采用蹲姿或者坐下来的方法，短暂的沟通可以弯下腰，尽量避免让运动员仰视。在工作中，也要注意视角转换，比如，把"您需要帮助吗"更换为"我能帮您做些什么"，把"您需要我扶着吗"转换为"我能扶您吗"，这样更加容易被接受。

冬残奥会服务细节也体现在工作中的方方面面。例如，在运动员休息室、奥运村餐饮部放置饮料柜，与常规同种饮料放在一排的摆放方式不同，冬残奥会期间，饮料柜每一层都摆放着不同的饮品，运动员都可以在适合自己的高度位置取用想要的饮料。

庞博主管的团队需要完成运动员、ITO、仲裁休息室、轮椅设备间等各个功能房的检查工作。最重要的是遵循防疫手册的规定和要求，做好环境防疫消杀工作，为运动员提供绝对安全的休息环境。在运动员到达休息室的全部规定路径上，需要完成各功能区道路引导张贴提示、清理积雪工作和防滑地垫的摆放等。

此外，每天休息室工作人员到位后，第一时间打开室内暖气，准备好开水和茶歇，给运动员、仲裁等提供舒适愉悦的环境。

为了更好地服务于冬残奥会，庞博和团队成员总结了训练期间各国运动员、仲裁等提出的相关要求，第一时间进行完善和改进，让大家感受到无微不至的关怀与温暖。

梁妍：不忘初心，不负韶华

梁妍在隔离酒店的房间里和室友一起看闭幕式直播，当雪花伴着圣火缓缓熄灭，大家才真切感受到冬奥已经落下帷幕。冰雪蓝映着中国红的冬天也悄悄结束，窗外公园残存的积雪下嫩绿已经探出了头，而2022年2月带给她的经历和回忆，会被她珍藏一生。

从第一次参加国家体育总局冬运中心、北京冬奥组委组织的雪橇NTO培训开始，历经2年多的时间，一起培训和参加测试赛的小伙伴有来有走，大家心照不宣，都是为了心底的奥运情结。有幸成为国内第一批雪橇项目国际级裁判、NTO，梁妍除了感谢一起培训和挑灯夜战背规则的小伙伴，更感谢学校、感谢北京、感谢国家给予的机会和信任。梁妍及其他志愿者深知肩负重任，深知她们代表的不仅是自己、是学校，更是这座"双奥之城"，是在全球疫情危机下按原定时间举办国际赛事的强大祖国。

身为半路出家的体育人，梁妍在体育院校的教室和实验室里度过了平淡的几年，只有到了国际赛场上，才能真切地感受到真正惊心动魄、争分夺秒的竞技瞬间和恣意挥洒的汗水、泪水。她起早贪黑，陪伴在这条冬奥会速度最快的赛道上，每个运动员以零点几秒的时间一闪而过，却一定能体会到绝对的安全感。她虽然只是赛场上的配角，是万千服务大军的一员，但每个人不吝以最饱满的热情和精力，投入最周全的保障工作。梁妍所在的服务点位，虽然已经越过了终点线，但通常是运动员发挥

首都体育学院教师梁妍

失常抱憾离开的地方，她工作时能捕捉到眼底的失落和不甘，也能感受到重新燃起的斗志。曾有运动员在冲刺时意外翻落雪橇，挪出赛道后在平台上呆坐许久，她能做的只有默默陪伴，协调保障车，在离开时送上鼓励；她也见证过瘦小的中国台北代表队运动员第一次冲上结束区平台，不禁和同事一起振臂欢呼、高声喝彩；最难忘的时刻是决赛中中国运动员以个人最好成绩完赛，看着他们激情拼搏冲过终点后洋溢的笑容，此刻争金夺银已不是最重要的目标。

梁妍更大的收获是来自全国各地的伙伴，大家暂时离开了不同的工作岗位，操着不同的方言（以最能把人带跑偏的东北话为主），为了同一个目标聚在一起。在凌晨出发去场地或深夜回驻地的大巴上一起睡得东倒西歪；办公室同事抽空制作了"雪橇团队，冬奥精锐"的贴纸，赶紧抢一个贴在电脑最醒目的一角；午饭时聚在餐厅看比赛为中国新生力量加油，围观的有最专业的解说，最权威的技术分析，还有在运动员发挥失常时忍不住的叹息；换班休息时一起聊天打趣应该找包揽全部金牌的德国队把"雪游龙"的场地建设费给报销了；奋斗在其他场地的同学纷纷在明信片上画个专属"冰墩墩"从冬奥村特许邮局寄到家……

隔离结束后，目送一起工作生活了1个多月的小伙伴乘车离开，梁妍有不舍，有期待，也更深刻体会到全新升级的奥运精神：更快、更高、更强、更团结！

朱丹：勇于担当，冬奥筑梦

荣誉赋予使命，践行使命担当

作为曾经备战过夏季奥运会的国家队主力队员，此次跨界跨项服务冬奥，是朱丹的圆梦之旅，也是新的开始。从2018年世界杯到2022年冬奥会，朱丹非常荣幸地代表首都体育学院进入冬奥会，以NTO的身份完成了共26场赛前训练和21场比赛任务，与团队共同进步，克服一切困难，为她热爱的体育事业再作贡献。

立足岗位职责，完成两个场地比赛任务

2022年1月21日，朱丹进入冬奥赛区工作，担任自由式滑雪空中技巧项目和雪上技巧项目双项共用裁判，在100余名裁判员中选出10名裁判员代表双跨项，她作为其中之一备感骄傲。2022年1月30日—2月6日，朱丹完成云顶雪场的雪上技巧的13场训练和9场比赛的裁判工作；2022年2月7日—16日，在雪上技巧比赛结束后，她无缝衔接地投入自由式滑雪空中技巧项目的工作，完成13场训练和12场比赛的裁判工作。朱丹不仅很好地完成工作任务，还提高了用英语进行沟通、组织的能力，见证了中国空中技巧项目两金一银的

历史突破，更展示出了中国 NTO 团队极强的责任心和团队精神，所有前期的努力付出与精心工作都得到了令人满意的收获。

裁判塔内，危险与机遇并存

裁判塔内是比赛期的高风险工作区域，9 名国际 ITO 裁判员、3 名欧米茄技术人员在 20 平方米左右的封闭空间内一同工作，朱丹负责协调评分成绩收集和整合工作，保密性极高，不容出错，追求及时和精准，有效地将评分裁判员手中的一手信息进行整理和传递。在工作期间，她带领一名 NTO 和一名志愿者以零错误、高效率的团队合作能力，圆满地完成了裁判塔工作。

终点区，朱丹负责新闻媒体、国际和国内官员观赛组织协调工作，在零下 25 摄氏度的气温下，工作 10 小时，在赛前完成了终点区的通行控制区域布置，安装栅栏隔离教练区、观众区、拍摄区、混采区、安全通道、媒体通道等工作，在团队的共同协作下，确保了赛会期间的场地安全保障。

中国代表团接待工作

自由式滑雪空中技巧项目是中国传统优势项目，备受关注，比赛期间中国代表团 30 余人前来观赛。观赛前朱丹带领 3 名工作人员提前布置室内与室外观赛区，为低温天气提前准备口罩、暖宝宝、热饮等暖身物品，工作做到及时、准确、全面，也得到了观赛嘉宾们的一致好评。

心系学校，勇敢担当

在中国代表团接待工作中，朱丹向各位嘉宾介绍自己来自首都体育学院，还介绍了在冬奥赛场内的同校工作人员、志愿者等。开赛前的体育展示吸引了国家体育总局副局长，朱丹

首都体育学院教师朱丹

自豪地向她介绍体育展示节目和吉祥物的演员全部是首都体育学院的大学生。副局长说"你们学校这么多人为冬奥作贡献，非常好"，代表团嘉宾们也对首都体育学院的工作给予了充分肯定和高度赞扬。

带领 NTO 团队强健身心

在枯燥寒冷的工作环境中，作为首都体育学院教师，朱丹发挥自己专长，作为团队健身运动发起人，带领空中技巧全体 NTO，赛前每天跳一段《一起向未来》作为健身方式，也为

忙碌的工作增添一点快乐和活力。

树立首体形象，全面积极推广

作为"崇礼冰雪推广大使"以及"冬奥值日生"，朱丹在冬奥期间还不忘用各种方式宣传首都体育学院，在央视新闻的报道浏览量近8万人次，微博宣传浏览量累计近75万人次，全方位地进行宣传推广工作。

2022年1月26日，在张家口赛区云顶雪场，首都体育学院教师、艺术体操世界冠军朱丹利用工作间隙，教所在的自由式滑雪空中技巧NTO团队学习《一起向未来》表演动作，为几天后电视台拍摄时的团队展示做准备。

隔离不隔心

冬奥会的工作结束后，朱丹严格遵守冬奥组委和当地政府的政策管理，在隔离期间，在线上发起健身热潮，带领中国代表团、首都体育学院张家口赛区NTO以及各项目NTO一起隔离健身21天，用实际行动展现首都体育学院教师的能力与热情。

冬奥会的工作虽然结束了，但是朱丹及首体人的热情没有减退，作为新时代的青年，时代赋予她们担当的使命，对学校、对国家，她们都有着一颗勇于担当、敢于拼搏的心。国际奥委会巴赫主席在闭幕式上表示，奥林匹克精神之所以如此闪耀，得益于中国人民搭建了安全又精彩的奥运舞台，这是一届真正无与伦比的冬奥会。有幸作为践行者，跨界冬奥会NTO，朱丹认为这不仅是她身份的转变，更是一位体育工作者以实际行动对奥运精神的追求。"结缘冬奥，我们何其有幸，肩负重任，我们未来可期。"她不会忘记这次冬奥会的宝贵经历，更不会忘记体育人的使命与担当，未来要肩负起体育教育者的职责，敢于创新，迎难而上，将这份热爱永存在心中！

"冬奥值日生"

苏如峰：逆风起跳，从容飞行

北京 2022 年冬奥会跳台滑雪和"北欧两项"比赛于 2022 年 2 月 3 日—17 日在张家口赛区国家跳台滑雪中心和国家越野滑雪中心举行，首都体育学院体育人工智能研究院副院长兼现代教育技术中心副主任苏如峰作为学校选派的国内技术官员（NTO）参与了两项赛事的组织管理，担任跳台滑雪和"北欧两项"竞赛办公室主管一职。

苏如峰自 2018 年 11 月第一期跳台滑雪和"北欧两项"NTO 培训开始参与这两个项目的学习和实践，先后参加了两个项目全部 6 期的 NTO 培训，负责牵头《国际滑雪竞赛规则》（第三册）中《跳台滑雪竞赛通则》和《国际滑雪竞赛规则》（第七册）中《"北欧两项"

工作中的首都体育学院教师苏如峰

竞赛通则》的翻译，曾担任 2018—2019 年全国"北欧两项"青少年锦标赛竞赛秘书、全国第二届青年运动会北欧两项竞赛秘书、全国第二届青年运动会跳台滑雪竞赛秘书、"相约北京"2021/2022 国际雪联跳台滑雪和"北欧两项"洲际杯竞赛办公室主管，代表国家跳台滑雪中心场馆团队在北京广播电视台为体育展示场馆团队进行跳台滑雪和"北欧两项"竞赛项目知识讲解，做客北京体育广播电台担任《冬奥观赛指南》"北欧两项"项目的讲解嘉宾。

跳台滑雪和"北欧两项"的项目特点对建筑设计和岗位设置都提出了独特的要求，国家跳台滑雪中心（"雪如意"）是张家口赛区施工难度最大的场馆，而苏如峰所负责的跳台滑雪和"北欧两项"竞赛办公室在工作安排上也有不小的挑战。竞赛办公室包括主办公室、裁判塔办公室和运动员综合区办公室 3 个工作区域，分别设在山下的场馆区、山腰的裁判塔和山顶的出发区。3 个区域工作竞赛办公室工作人员包括冬奥组委受薪人员 7 人、国内技术官员 20 人、专业志愿者 11 人。竞赛办公室既是竞赛信息、领队会议、仲裁服务、物资管理等工作的具体实施部门，也是竞赛管理团队与其他 6 个业务领域之间上传下达的综合协调部门。

作为竞赛办公室主管，苏如峰非常注重竞赛办公室的人员选拔和业务培训。在竞赛管理团队的领导下，先后从 6 期国内技术官员培训和赛事实践中选拔出了优秀的国内技术官员和专业志愿者，并根据工作需要和人员特点进行了详细的岗位分工，在赛前和赛时多次组织竞赛办公室人员详细研讨竞赛办公室的工作流程，力求做到精益求精、万无一失。

经过不懈努力，跳台滑雪和"北欧两项"竞赛办公室出色完成了北京 2022 年冬奥会赛时各项工作，共计完成 12 场领队会组织及会议纪要、25 份仲裁纪要、3 份竞赛管理决议、4 份官方公告、20 份竞赛训练日程通知、18 期新闻工作简报、9 分钟时长的宣传视频短片、7000 多字的竞赛管理总结报告、33 页的竞赛办公室工作赛后培训 PPT、9 场比赛器材检测协助工作、580 件号码布的发放、8 天的特殊打蜡房值班、157 部集群和 4 个内通的收发（其中包括 72 部集群和 4 个内通的每日集中充电）、391 件办公用品的收发、27 天的交通预订、32 天的酒店及场馆用餐预订，以及两名国内技术官员生日会的策划组织。

跳台滑雪和"北欧两项"是古老的北欧冬季项目，从第一届冬奥会进入冬奥赛事体系后就从未间断过，其生命力和吸引力在于不断自我更新，借助科技的力量提升项目的安全性和公平性。最早的跳台滑雪只计算距离得分和姿势得分，如今的跳台滑雪除了上述两个分数，还包括出发格补偿分和风力补偿分。出发格高、势能大需要酌情减分，反之则相应加分。风力补偿分根据运动员起跳时的风向和风速确定，顺风起跳会压迫运动员提前着陆，在空气动力学上不利于运动员跳得更远，而逆风起跳则会提升运动员的跳跃距离。

中国跳台滑雪和"北欧两项"的项目发展和赛事组织也属于"起跳"阶段，我们无法选择风向和风速，但在不断锻造和提升自身能力的过程中，我们必然收获经验、技巧和自信。哪怕是逆风起跳，我们依然可以从容飞行！

鹿志海：服务冬奥，既是一种荣耀，更是一份责任

北京冬奥会于2月20日晚顺利闭幕，冬奥各项赛事圆满、精彩、顺利完成，冬奥会上的中国表现也得到世界各国人们的高度赞扬。作为参与其中的NTO成员之一，鹿志海为祖国感到骄傲和自豪。在各国疲于应对新冠疫情和经济疲软的国际大环境下，中国能够呈现给全世界以精彩绝伦和无与伦比的盛世团结局面，作为目睹这一盛事的中国人感到骄傲；同时，作为国人的一分子能够为国家举办如此盛大赛事贡献自己的绵薄之力，他感到很自豪！

作为一名体育人，能够有幸在家门口服务冬奥会，鹿志海认为这是他一生的荣耀，也是疫情期间作为一名共产党员责无旁贷的使命和责任。自2018年参加第一次NTO培训至今，鹿志海一直把为冬奥会服务当作体育人的一份责任和共产党员的分内之事，为了能够参加这届冬奥会，他一直不敢有丝毫懈怠。他一直积极参加每次的NTO培训，并认真完成每次培训任务。冬奥会期间更是克服重重困难，来到张家口赛区"雪如意"场地，倾情服务冬奥会。

作为冬奥会"北欧两项"和跳台滑雪比赛的场馆主管，鹿志海带领团队成员以务实严谨、精益求精的作风，兢兢业业在国家冬奥会标志性建筑"雪如意"埋头苦干。场馆区工作任务比较繁杂，主要负责场馆区出入口管控、运动员通道管控、缆车管控、媒体区的管控、急救门和急救通道的管控、教练席的管控，场地的雪面平整和装饰，还有场地围挡的安装和装饰、通道防滑垫的铺设等，同时服务保障国际雪联、OBS人员、运动员、教练员和各国媒

首都体育学院教师鹿志海

体等人员的进出和比赛需求，既要做到统一标准，又要做到特殊保障。场馆区的各项工作是国家跳台滑雪中心场馆的脸面，鹿志海带领场馆团队一直与各比赛团队、保障团队、志愿者密切沟通，相互协作，不辞劳累，他们在天寒地冻中经常大汗淋漓，帽子和头发眉毛上结了厚厚的冰霜。鹿志海率领的场馆团队为"雪如意"场地的各场次比赛的顺利举办保驾护航，受到冬奥组委、国际雪联、新闻媒体、各国运动员和教练员的尊重和一致称赞。

结缘冬奥，应肩挑重任；生逢盛世，当不负青春。我们应以中国人的不屈精神点亮奥运赛场，以我们国人的壮志豪情奉献这场举世瞩目的冬奥盛会。"作为一个体育人，作为北京冬奥会 NTO 的一员，能够在闭环内同各国体育官员、志愿者、工作人员一同努力，保障冬奥赛场工作的顺利进行，是一件终生难忘的事情。"鹿志海表示，服务冬奥让自己对思政有了更切身的感受，自己会在今后的教育教学中将这份经历和精神融入其中，为学校的人才培养再接再厉，为北京奥林匹克学院的建设贡献自己的一份力量。

王隽：将"先锋号集体"的优良传统融入冬奥服务工作

王隽是体育教育训练学院体能训练教研室党支部书记，曾与团队获得"北京市先锋号集体""北京市高校先进党组织"等荣誉称号。北京冬奥会期间，她担任雪车、钢架雪车项目竞赛办公室主管，雪车、钢架雪车国际级裁判。

难忘体育人初心

专业蹼泳运动员出身、游泳国家级裁判员、蹼泳国家级裁判员，多次执裁国内、国际大型赛事，参与过北京 2008 年奥运会、残奥会，这些丰富的体育经历带给王隽的不仅是简历中值得书写的一笔，更造就了其细致严谨的工作态度、雷厉风行的工作作风、浓厚专业的体育素养。一入体育门，一生体育人。2018 年年底，在得知我国招募冬季项目 NTO 时，服务北京

2008 年奥运会的难忘经历让王隽第一时间报了名。2019 年，王隽顺利通过国际级裁判考核，成为我国第一批雪车国际裁判员。

牢记体育人使命

为了更专业的服务冬奥会，熟练运用雪车专业知识，自 2018 年以来，王隽每年参加雪车 NTO 培训班，并全程参加了国家雪车雪橇中心赛道预认证、"相约北京"国内邀请赛、国际雪车联合会训练周暨计时赛等所有雪车赛事活动。

作为竞赛办公室主管，王隽在工作中需要与语言、餐饮、技术、场馆等多业务领域沟通协调，并且完成每日繁多的文字工作，尤其是收集、整理和上报的数据及报告要求及时且准

首都体育学院教师王隽

确。为保证工作高效，王隽将"先锋号集体"的优良传统带到赛时工作中，注重竞赛办团队凝聚力建设，勤于观察总结工作规律，思考更高效的工作流程，不断改进工作方法，并将这些工作经验灵活运用到冬奥会赛时工作中。与此同时，王隽不忘自己的教师身份，关心爱护办公室里的首都体育学院学生志愿者，在赛时率先垂范、以身作则，鼓励孩子们勤于思考工作方法、勇于用英语提示参赛队注意事项，杜绝闭眼瞎干、埋头苦干。

王隽带领的竞赛办公室凭借出色工作得到了国际雪车联合会主席 Ivo Ferriani、国际雪车联合会仲裁主席 Gatis Guts、竞赛组织团队的

大力赞赏。

"雪车竞赛办，你值得信赖"已经成为这个小团队的目标和口号，王隽和她的团队将继续"以挑战者精神拼搏创新"，用首都体育学院人的专业和热情决胜冬奥！

王成梁：由军官到教师，从健将到裁判，只因从未放弃，方得圆梦冬奥

首都体育学院体育教育训练学院王成梁作为 NTO 执裁 2022 年北京冬奥会和冬残奥会高山滑雪项目。王成梁和其他 4 位老师的付出，

为北京冬奥会注入了首都体育学院力量。

王成梁是首都体育学院体育教育训练学院田径教研室的一位教师，曾是一位军官，又是

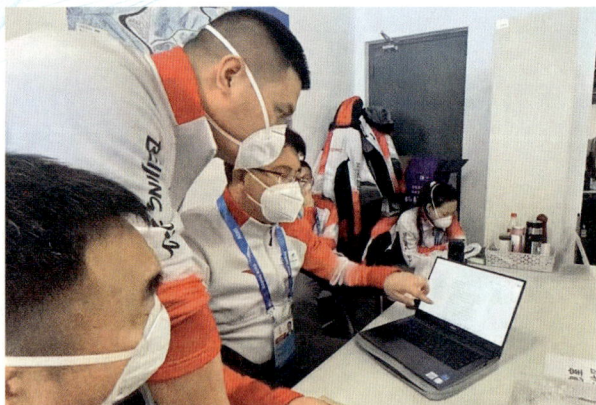

首都体育学院教师王成梁

一名全国冠军、运动健将。作为运动员的他曾经无数次梦想着站在奥运赛场，却因伤病错失2008年北京奥运会。只因他从未放弃奥运追梦，才有此刻的圆梦冬奥。

王成梁担任2022年北京冬奥会和冬残奥会NTO休息室主管。他带领团队将NTO休息室的烘鞋机和雪板架重新调整，设置了部门主管早会的会议空间，加大NTO休息室活动空间与功能。

按照冬奥组委疫情防控要求，王成梁设置了防疫安全通道，协调各方，重新布置了外籍NTO休息室，并在NTO休息室设置了厨房备餐区、打饭区，使一个简单的NTO休息室兼备了器材存放、厨房、餐厅、会议室、修板室等多项功能，解决了终点组NTO的专用休息室难题。

王成梁身上承载的军人本色和专业运动员的攻坚克难精神感染着每一位NTO休息室工作的团队成员，使大家能够凝心聚力、创新协作，也正是通过他们的努力付出，让在"雪飞燕"赛区的全体NTO感觉到，在冬奥拥有了一个温馨的家。

陈丹：肩负使命，见证历史

肩负使命

冬奥会前期，经中国花样滑冰协会推荐，受中央广播电视总台邀请，陈丹很荣幸地成为冬奥会花样滑冰项目唯一的解说嘉宾。虽然这是她第二次解说冬奥会，但这次的意义非同凡响。

在这几年漫长的时光里，陈丹曾不止一次想象过冬奥会开幕时的盛景，而如今，她不只是坐在电视前与家人一起看比赛的观众，作为一名解说员，在自己的国家代表东道主去解说比赛，心中的自豪感油然而生，肩膀上的责任感也更加厚重。发扬奥运精神、推广花滑运动、弘扬中华文化，她用多维度的视角参与冬奥会，用专业领域的知识和技能带动更多人了解、喜爱冰雪运动，了解北京冬奥会，走近中国文化。

见证历史

2022 年 1 月 30 日，陈丹作为解说嘉宾进入冬奥会闭环内，开始了忙碌而有意义的工作。花样滑冰项目竞赛周期很长，从 2022 年 2 月 4 日的开幕式当天到 2022 年 2 月 20 日闭幕式结束才完成所有项目的比赛。央视新闻频道、央视体育频道、央视奥林匹克频道等都安排了直播，需要她的同步解说和专业评价。这样的高强度和高频率是前所未有的，工作繁重而辛苦，但是，陈丹的心中是幸福的、骄傲的。北京冬奥会在冬奥会的转播历史上实现了收视率最高，关注度最高，收视量达到了 2.5 亿人次。

陈丹通过自己对花样滑冰专业知识的理解和沉淀，向观众诠释了花样滑冰项目的文化内涵、运动规则和未来发展。对于比赛的评价客观、专业、理性又不失激情，受到了业内人士和观众的一致认可。

最让陈丹激动和难忘的是中国花样滑冰队双人滑夺冠的时刻，她带着激情澎湃的心解说了这场比赛。这场解说得到了中央广播电视

首都体育学院教师陈丹（1）

首都体育学院教师陈丹（2）

总台台长的好评，也让花样滑冰运动的大众关注度得到了提升，为中国花样滑冰运动的发展起到积极的推动作用。这一场解说的呈现，积淀着陈丹30年来对花样滑冰的理解——理解隋文静和韩聪的顽强，理解每一位运动员的艰辛，理解每一位教练员的坚持。

心系学校

作为一名首都体育学院冰雪运动教师，在解说的过程中，陈丹不只是讲解了专业领域的内容，还介绍了在冬奥会赛场内的工作人员，介绍了为冬奥会无私奉献的志愿者，也介绍了首都体育学院的一些情况和服务冬奥所做的工作，积极传播首都体育学院声音。

激动会面

在冬奥会期间，国际奥委会主席巴赫先生参观了中央广播电视总台，作为解说嘉宾，陈丹很荣幸参与了这次活动，与巴赫主席有了一次会面。这次会面，她激动的心情溢于言表。虽然巴赫主席不认识陈丹，但是，陈丹相信巴赫主席一定会记住她，记住无数像她一样为冬奥倾力奉献的人，就像记住中国花样滑冰夺冠的精彩时刻、记住中国冬奥会的盛况空前一样。

一起向未来

这次北京冬奥会的工作经历，对陈丹意义重大，在机遇和挑战面前，陈丹发现自己还会有很多的可能性。由于这次解说工作的出色完成，她受邀成为中央广播电视总台的培训嘉宾，为央视全方位培训花样滑冰的评论员，这让陈丹又多了一个奋斗的方向。

中国成功举办了一届无与伦比的冬奥会，这是所有体育人的骄傲，是中国人民的骄傲！作为一名体育人，陈丹为北京冬奥会尽了自己最大的努力，用实际行动践行奥林匹克精神，此生何其有幸！在她的职业生涯中，在她为花样滑冰运动项目作出的所有贡献中，这都是宝贵的财富和经历。

一起向未来！世界会因体育变得更加团结、繁荣。中国也必将因举办这届冬奥会而变得更加举世瞩目。

"以微火之光，燃世界梦想"

两名"首体院人"的冬奥故事

在北京冬奥组委体育部这支光荣战队里，两名"首体院人"响应召唤而来为奥运服务，相聚于北京冬奥村体育信息中心这一服务周期最长的核心业务领域。她，是毕业于首都体育学院时任北京冬奥村体育信息中心经理的李洋；他，是就职于首都体育学院时任北京冬奥村体育信息中心主管的马岩，他们每天在重要

而忙碌的工作岗位上砥砺奋进，为使北京冬奥会成为所有运动员一生最难忘的体验而不断努力。

在冬奥会运行就绪的最后冲刺阶段，无论是全面统筹信息中心的空间布局、形象景观、物资储备、网络联调、要素演练，还是系统推动专业知识学习、竞赛日程分析、表单矩阵研

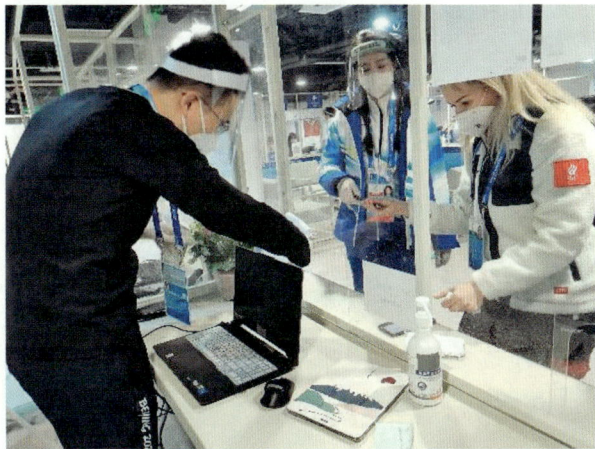

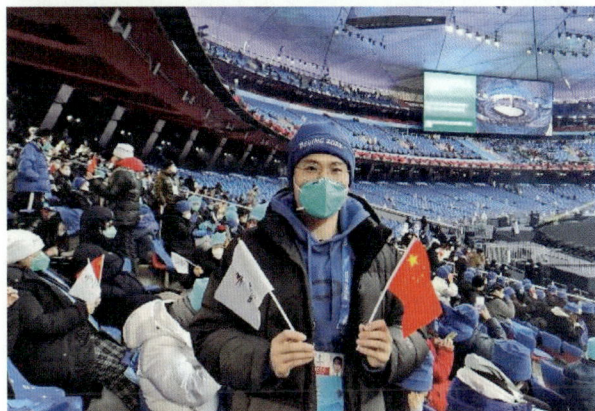

两名"首体院人"的冬奥故事

究、运行机制建立，两名"首体院人"都以最强的行动力引领团队高标准、高效率地落实落细，顺利完成了赛前运行预期中的全部筹建计划。在 2022 年 1 月 25 日北京冬奥村开村之前，中心正式接受了国际奥委会官员检查，受到了高度评价与充分肯定。

在赛事期间，中心各项工作均在紧张的节奏中妥善、有序开展推进，运转体系稳定顺畅，信息发布及时高效，数据集成精准到位，服务保障优质专业，一系列出色的表现打造出了北京冬奥村的"体育金名片"。李洋与马岩两名"首体院人"将继续秉承"以挑战者精神拼搏创新"的首都体育学院校训，以更为饱满、热忱的状态投入体育竞赛的各项服务保障工作。同时紧抓冬奥契机，积极宣传北京国际奥林匹克学院，扩大"双奥之城"重要遗产影响力，传播奥林匹克文化和精神。他们将与千千万万的冬奥工作者一起为冬奥倾尽全力，就像开幕式点火仪式上那微小但明亮的圣火般，在冰与雪的天地中以昂扬的姿态贡献自己的火光，汇聚希望，点燃梦想！

在奥林匹克（残奥）大家庭打造首都体育学院"金名片"

奥林匹克（残奥）大家庭是国际奥委会、国际残奥委会赛时总部和运行指挥中心，负责接待国际奥委会、国际残奥委会、国际冬季体育联合会、各国家（地区）奥委会主要官员等国际贵宾，是集中体现赛会服务水平的重要平台，也是展示主办城市风采的重要窗口。

首都体育学院（北京国际奥林匹克学院）对外交流合作处和纪委、监察专员办公室的 3 名干部分布在该场馆的大家庭助理和人员管理业务领域，为奥林匹克大家庭贵宾提供周到、细致、完美的服务倾注力量，为场馆平稳、安全、顺畅运行保驾护航。

梁芳——OFA"护航员"

梁芳是首都体育学院对外交流合作处干部，在奥林匹克（残奥）大家庭担任助理项目主管。

梁芳——OFA"护航员"

作为国际要人项目协调人，她开展工作有巧劲。面对服务对象级别高、接口多、要求严的情况，她考虑周密、协调有力、安排有序，积极与国际奥委会、各国使馆及冬奥组委多个部门进行沟通，带领奥林匹克（残奥）大家庭助理（OFA）详细制定了要人接送机方案、行程方案及应急预案；在赛时根据不同客户的个性化需求与礼宾进行对接，妥善安排好各国际要人客户涉奥的相关活动。

作为张家口项目的负责人，她推动工作有韧劲。为确保冬奥会和冬残奥会奥林匹克大家庭助理志愿者（以下简称 OFA/PFA）在张家口赛区能够及时协助要人客户开展工作，她迎难而上、主动出击，代表项目组与酒店、驻地高校及组委会有关部门对接沟通，争取到了 OFA/PFA 在张住宿资源，并对在张家口 OFA/PFA 赛时的工作、住宿、餐饮、防疫等事项进行妥善安排，累计完成冬奥赛时 305 人次、冬残奥赛时 90 人次的住宿接待任务，充分保障了 OFA/PFA 在张家口工作和生活需求。她关心关爱志愿者，在时间紧、任务重的情况下仍抽空多次赴张家口看望 OFA，对志愿者在张家口工作、生活遇到的问题进行了座谈，获得了同学们的良好反馈。

作为仪式集结的参与人，她配合工作有干劲。外事工作经验丰富的她，协助场馆同事完善集结方案、培训外宾车队的车长，顺利、圆满地完成了 4 场开闭幕式外宾的集结撤离工作。

作为一名服务过两届奥运会的"幸运儿"，梁芳表示，能够参与并见证北京"双奥之城"的变化既是她的荣幸，也是她的使命所在。她的职责是倾尽全力让远道而来的宾客享受这场

成颢——管理"多面手"

简约、安全、精彩的冬奥盛事，她的付出得到了贵宾们的高度认可，她做到了！

成颢——管理"多面手"

成颢是首都体育学院对外交流合作处干部、北京冬奥组委人力资源部人事处项目工程师、奥林匹克（残奥）大家庭人员管理经理兼闭环内场馆管理。

身为人事经理的成颢，熟悉场馆每个工作人员的姓名、性格和特点，总能恰到好处地化解矛盾，是大家公认的"贴心人""小树洞"。她是冬奥组委里来的"人事专家"。政策"扣"得准，工作干得"活"，对场馆人事工作把握得张弛有度，冬奥会和冬残奥会期间人事方面的各项重点任务均圆满完成。她了解场馆运行的各项工作安排。冬残奥会期间，她协助闭环内场馆主任顺利完成了 30 余次的早晚点名调度汇报工作。

她敢于担当、能打硬"仗"。有着多年外事工作经验的她，积极参与并圆满完成了 4 场开闭幕式场馆中外方人员集结的前期策划及现场踏勘、中期组织和散场撤离等工作，无一失误。

她沉稳镇定、遇事不乱。领导放心地把应急车队的管理工作交到她手上。她不负期望，

在冬奥会开幕式当晚妥善处理了4项紧急突发任务，国际贵宾和场馆工作人员的应急用车需求得到迅速响应。冬奥会期间多次带领人事团队接待国际奥委会赛事服务负责人，获得了外方的高度认可。

她坚守"奥运人"的初心和使命。从"同一个世界，同一个梦想"到"一起向未来"，她始终秉承奥运精神，凝聚梦想力量，在奥林匹克大家庭续写新的奥运篇章。

作为一名"双奥人"，更是一名"首体人"，她将"以挑战者精神拼搏创新"的校训精神转化为在工作中披荆斩棘的动力，不断拼搏向上，不断挑战自我，为圆满完成服务保障冬奥会的任务贡献了自己的力量！

陶乾——数据"把关人"

陶乾是首都体育学院纪委、监察专员办公室干部，奥林匹克（残奥）大家庭人员管理副经理。

他严谨细致，务实高效。人员管理的核心工作之一——场馆各业务领域人员上岗及工作情况的统计核查、整理分析，是他每日的"必修课"。这项工作是每日场馆早晚调度汇报内容的重要组成部分，同时也是主运行中心每日了解场馆人员情况的有效途径，不得出现任何错误。在"业务领域多、人员分布广、时间要

求紧"的情况下，他积极探索并优化各业务领域数据报送的方式方法，有效提高了数据的质量和填报效率。从进入赛时到报送工作结束，他成功向各上级机构、场馆领导及领域经理报送了共计335份场馆每日人员情况报告，切实做到"人员类别清晰，数据精准有效，情况报送具体"的工作要求。

他善于钻研，敢啃"硬骨头"。核准岗位、定清计划、排好班次，对场馆高效、有序运行至关重要。没有任何人力资源工作经验的他，在面对自己未知的领域时，敢于迎难而上，从头学起，细"抠"政策要求，深"钻"系统操作方法，主动向前辈请教，不断在干中学、在学中干，积极与各业务领域沟通对接，充分了解实际工作需求，协助各领域合理安排班次，累计排班人数达300余人次，近8000班次。

他主动担当，积极参与。作为场馆的年轻人，他主动靠前，与场馆同事通力配合、并肩战斗，圆满完成了3场开闭幕式的前期演练、外方人员散场撤离及中方人员集结散场的组织安排工作。

他将勤勉务实、严守纪律的责任担当和对待工作精益求精、一丝不苟的工作态度带到了服务保障冬奥会的工作中，充分展现了一名纪检监察干部的优良作风和精神风采。

在奥林匹克（残奥）大家庭酒店场馆的3名首都体育学院干部知责于心、担责于身、履责于行，在工作中站在前、冲在前、干在前，以"咬定青山不放松"的执着奋力击破各个难题，以强有力的使命担当圆满完成各项任务，以优异的成绩在奥林匹克（残奥）大家庭打造了一张亮丽的首都体育学院"金名片"！

陶乾——数据"把关人"

宋杨：手捧国旗，传递使命

2022年2月4日，北京冬奥会开幕式现场，伴着《我和我的祖国》的悠扬旋律，五星红旗由176名来自各行各业的普通人手手相传，缓缓送至国旗班礼兵手中。看似没有华丽繁复、激动人心的表演，但这场直抵人心的国旗入场仪式的背后却是125天的精心筹备、38次的集体训练以及近300人的心血与汗水。

得知学校冬奥会志愿者的招募消息，宋杨便毫不犹豫地报了名，作为一名青年教师，她衷心地希望能够为祖国的冬奥贡献一份绵薄之力。2021年9月经过面试考核，同年10月3日首次集结中，她了解到她和同部门另一位老师是这支160余人的志愿者队伍里仅有的两位教师志愿者。作为领队老师兼志愿者的双重身份，宋杨深知自己要起好带头示范作用，于是暗下决心，无论训练多苦多累，也要坚持与同

工作中的首都体育学院教师宋杨

学们一起完成 4 个月的志愿服务。

由于开幕式演出是一项保密任务，首次来到排练场，宋杨才被告知团队的任务是保障国旗入场环节的排练。能够参与如此庄严而神圣的仪式，每一位志愿者都无比惊喜与荣幸，大家激动不已、欢呼雀跃。正在兴奋的当下，导演却告诉他们："你们和我们编导一样，是这个环节的幕后英雄！"原来，国旗入场最初设计的传递队伍由 56 个少数民族代表和社会各行各业代表组成，而志愿者在前期的排练中需要代替各行各业代表走站位，传国旗，熟练掌握整个仪式的环节、要领，后期承担着一对一教会社会各界代表的任务。这也就意味着他们是无法真正上场的。失落的情绪不免油然而生，而天气仿佛有感知人心情的能力，走出排练场的他们迎接了入秋的第一场大雨，满地飘零的落叶见证着大家缓慢而沉重的返程脚步。队伍失去了来时的欢声笑语，萦绕着低沉的氛围。宋杨见状停下队伍宽慰大家、鼓舞士气："别忘了我们的志愿精神是'奉献、友爱、互助、进步'，志愿者的付出是不求回报的，无论台前还是幕后，我们都是为了开幕式的成功举办而奉献，这也正是我们成为志愿者的初心。首都体育学院人无论在哪个岗位都是为校争光，都能做到最好！"人群中传来一声回应："首体人绝不会在关键时刻掉链子！"赞同的声音逐渐响起，大家用掌声和欢呼声给彼此加油打气。帮助代表传递国旗，依然责任在肩，使命重大，志愿者们迅速调整好心态投入紧张的排练。

传递国旗看似平常简单，但当真正手捧旗帜、开始模拟训练时，他们才发现有许多亟待解决的困难与障碍。如何设计入场、退

场，相邻两人的最佳间距是多少，传递时的节奏速度如何调整，如何保持旗面平整、高度一致，如何保证前后配合不掉旗，等等，无一不是尚无实操经验的编导们的"知识盲区"。于是，志愿者发挥作用的时候到了！他们的每一次排练都是一次真人实验，一次次奔跑、快走、变换队形，最终选定了最庄严而迅速地上下场方式；无数次从编号 1 传递到编号 160，找到了每分钟 75 拍的最佳频率；每一次练习过后，前后成员、团队分组互相交流探讨，成就了许许多多能够保证默契配合的小窍门。这些不计其数的尝试是最终成就"鸟巢"完美 4 分 32 秒的基石。遇到新问题时大家集体头脑风暴，一起寻找解决办法；当问题被一个个攻克，仪式环节逐渐定型，他们也会用一颗糖果、一瓶饮料来互相奖励。在密集排练的 2021 年 12 月，他们在"鸟巢"一站就是一天，迎着室外场馆刺骨的寒风，志愿者互相分享暖贴、手套，一起运动、游戏来驱散寒冷。这时恰逢各类大型考试、期末考试月，他们把书本、复习资料带进休息室趁着休息间隙一起复习、互相帮助。这段难忘的排练时光让他们结下了深厚的友谊。

进入 2022 年 1 月，各行各业的代表开始加入排练，志愿者们除了热情细致的教学，更要随时补位，保障每一次排练传递人员的整齐。这时多数志愿者已经没有固定站位了，他们跟导演组表态："我们就是'一块块砖'，哪里需要就往哪里搬！"在一对一教学期间，他们抓住难得的机会与各行业劳模、楷模多作交流。亲切的前辈们会给志愿者讲述自己的故事，于是"鸟巢"便成了生动的思政课堂，这里的老师有曾与歹徒正面交锋的警察代表，有

疫情期间驰援武汉的医生代表、有勤勤恳恳做好工作的快递员、工人代表，有"战风沙、斗荒漠"的治沙英雄……榜样的力量是一种感召，激励着青年一代奋发图强，明确自身的使命与担当。

开幕式当晚，宋杨和首都体育学院的11名学生在排练的最后调整中荣幸地被选拔为青年志愿者代表参与了国旗传递环节。尽管每一次排练时手捧国旗，她都在思索怎样用自己的方式传达人民与国旗的感情，但当她真正触摸到那抹红，便只有对祖国最真实的热爱与使命感！此时的国旗则更像一代代中国人民薪火相传的接力棒，青年一代要接棒新时代中华民族伟大复兴中国梦的使命，勇立潮头，担当重任，一往无前，全力以赴！

北京冬奥会和冬残奥会张家口赛区首都体育学院工作团队上好开学第一课

在学校新学期开学之际，首都体育学院在北京冬奥会张家口赛区的13名NTO教师，通过网络连线的方式，齐聚一堂，上好开学第一课，既是作为赛后工作总结交流，又为隆重开启新学期各项工作进行动员和准备。在张家口赛区，首都体育学院13位教师分别在三大赛地（国家跳台滑雪中心、国家越野滑雪中心、云顶滑雪公园）参加了5个分项的各项工作。会议由对外交流与合作处处长左伟主持。

会上，左伟首先传达了首都体育学院对冬奥会工作的相关要求，鼓励动员大家圆满完成冬奥会保障任务后，积极参与后奥运时期学校组织开展的相关工作和活动。随后，离退休工作部部长冯伟就张家口赛区NTO隔离政策和规定进行了说明。全体教师认真聆听并将按照学校和赛区要求，做好后续工作。接下来，各位教师就自己在北京冬奥会中的工作岗位内容进行了详细介绍，并就工作体会和感受进行了深入交流。大家纷纷表示感谢学校提供的平台与支持，能够参与本次服务和保障冬奥会的各项工作，深感自豪。通过自上而下的努力，通过全体工作人员的辛勤付出，冬奥会现已圆满结束。在服务冬奥工作中，首都体育学院张家口赛区的教职工展现出了"以挑战者精神拼搏创新"的校训精神和团结一致、笃行不怠的体育人职业素养。他们在工作中吃苦耐劳、认真

北京冬奥会张家口赛区首都体育学院工作团队

负责、敢于担当，受到了管理团队的一致肯定和表扬。

教师经过正式隔离后，相继返回学校，回归工作岗位。他们在隔离期内，遵守上级部门防疫安排和管理，做到"五个按时、两个维护、一个自信"，即：按时吃饭、睡觉、起床、学习和工作、锻炼身体；维护好室友和自己的良好心态；拥有必胜的信心。同时，在隔离期内，认真做好奥运会工作总结，回校后助力做好奥运遗产归纳和推广，不断推动奥林匹克精神传播，为北京奥林匹克学院建设贡献力量。在冬奥追梦的路上，首体人一直在前行！

第三章

"冰墩墩""雪容融"展示表演为冬奥增添别样精彩

体育展示是冬奥会办赛的重要组成部分，是面向运动员、观众展示主办国文化的重要窗口。首都体育学院充分发挥自身专业特色和场地优势，全面承接了北京冬奥会和冬残奥会体育展示娱乐表演所有节目的全要素演练工作。经过严格的选拔，最终有160余名学生进入体育展示演员大名单，承担了国风舞蹈、街舞、冬奥吉祥物表演等多种形式的娱乐表演任务。冬奥会开赛后，吉祥物"冰墩墩""雪容融"受到亿万观众的喜爱。国家体育馆、国家雪车雪橇中心、云顶滑雪公园等11个场馆的吉祥物人偶全部是由首都体育学院武术与民族传统体育专业学生扮演的。"冰墩墩""雪容融"的火爆不是偶然，不仅因为它们拥有可爱的外形，更重要的是学生们脑洞大开，充分发挥身体素质好、肢体灵活的优势，自编、自导、自演了多个以"冰墩墩""雪容融"为主角、有故事情节的短片，设计了很多有特点的动作，让"冰墩墩""雪容融"拥有了灵魂，它们不再是一个简简单单在赛场门口供人们拍照的背景，观众看到的是会摔跤、会扭秧歌、会卖萌的鲜活的"冰墩墩""雪容融"。据统计，每个场馆每天有2～5场演出，国家体育馆每天有9场演出。室外演出条件非常艰苦，张家口赛区的学生们经常要忍着零下二三十摄氏度的低温，顶着寒风及穿着10多千克的服装进行表演。脸被冻红，睫毛、眉毛上结了冰，手脚都被冻裂，即使这样也浇不灭学生们的热情，展现出来的只有他们为这场冰雪盛会增添的如火激情。冬奥会和冬残奥会给了学生们绽放光彩的舞台，学生们的精彩表现既展现了奥林匹克精神和冰雪运动特点，又充分展示了中华文化的独有特色和时代风貌。他们用中国青年的激情与正能量，在冬奥会舞台上传播中国文化，讲好中国故事。

首都体育学院承担的北京冬奥会和冬残奥会体育展示娱乐节目精彩亮相

2022 年 1 月 25 日，北京冬奥会和冬残奥会体育展示娱乐汇报演出在首都体育学院举行，这标志着冬奥会和冬残奥会体育展示娱乐节目正式交付。

体育展示团队选拔组建的娱乐表演团队精心策划了包括国风舞蹈、街舞、冬奥吉祥物表演、童声合唱等多种形式在内的娱乐表演，组织表演团队克服疫情等诸多困难，历经 3 个多月的艰苦训练，完成节目排练。这些精彩的节目既体现了奥运传统和冰雪运动的特点，更展现了中华文化特色、时代风貌特征，将助力在冬奥会舞台上讲好中国故事，

首都体育学院承担的北京冬奥会和冬残奥会体育展示娱乐节目精彩亮相（1）

传播好中国文化。

北京冬奥组委文化活动部部长陈宁、北奥集团董事长常蓉、首都体育学院党委副书记王尚忠出席活动。首都体育学院共有 161 名师生参与其中，武术与表演学院王莹教授担任首钢大跳台表演团队领队。

首都体育学院承担的北京冬奥会和冬残奥会体育展示娱乐节目精彩亮相（2）

首都体育学院 160 名演职人员舞动冬奥会赛场

为全力做好北京冬奥会和冬残奥会的服务保障工作，为大会增添一抹亮丽的风采，自 2022 年 1 月 27 日起，首都体育学院共有 160 名演职人员陆续进入国家体育馆、国家游泳中心、首都体育馆、首钢大跳台、五棵松体育中心、高山滑雪中心、国家雪车雪橇中心、国家冬季两项中心、国家跳台滑雪中心、国家越野滑雪中心、云顶滑雪公园进行彩排，随着比赛的开始，他们陆续亮相于北京冬奥会和冬残奥会的赛场上。观众在这些场馆看到的所有吉祥物表演和现场文娱表演全部来自首都体育学院，张家口的气温最低可达 –20℃，即便在午间最暖和的时候大风也是呼啸不止。演职人员睫毛结冰，在刺骨的寒风中以强烈的责任感和使命感，克服了天气的影响，保持了最好的状态。在候场间隙，首都体育学院学生在休息室建立起读书角主动学习。他们对自己说道："加油! 一刻不许停!"

首都体育学院 160 名演职人员舞动冬奥会赛场（1）

首都体育学院160名演职人员舞动冬奥会赛场（2）

　　纯洁的冰雪，激情的约会；用炽热的心，融化坚实的冰；我们拥有热情，让这个冬天不再寒冷。艰苦的努力将化为硕果，辛勤的付出即将迎来收获，让我们一起"以挑战者精神拼搏创新"共同为北京冬奥会加油！

冬奥赛场的别样风景
首都体育学院展示娱乐表演团队受到广泛关注与好评

　　北京冬奥会激战正酣之际，冬奥会吉祥物"冰墩墩"迅速走红，成为顶流，可谓"一墩难求"。但鲜为人知的是，国家体育馆、国家游泳中心、首都体育馆、首钢大跳台、五棵松体育中心、高山滑雪中心、国家雪车雪橇中心、国家冬季两项中心、国家跳台滑雪中心、国家越野滑雪中心、云顶滑雪公园等11个冬奥会赛场的"冰墩墩"吉祥物人偶都是由首都

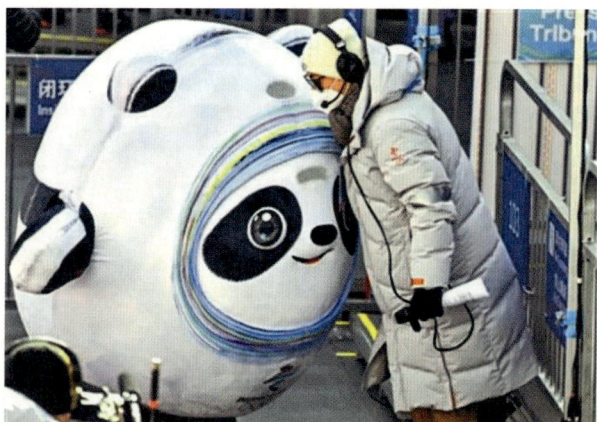

首都体育学院展示娱乐表演团队受到广泛关注与好评（1）

体育学院学生扮演的。首都体育学院的"冰墩墩"们受到广泛关注和好评，他们舞动跳跃、身轻如燕，动作活泼可爱，会卡点、会斗舞、会武术……在冬奥赛场上，"冰墩墩"不仅是文化标志，还是场上不可或缺的"气氛担当"，比赛的热场、互动、游戏等都离不开"冰墩墩"的助力。

除了"冰墩墩"，在冬奥会上，还活跃着一支年轻的队伍，虽然他们的名字不被人熟知，但同样是冬奥会赛场上的重要成员，他们就是啦啦队队员，他们同样来自首都体育学院。比赛间隙，随着欢快动感的音乐响起，啦啦队队员便带领着现场观赛观众，跟随音乐节拍欢快地舞动，为赛场上运动健儿的精彩表现欢呼、为比赛加油呐喊、为志愿服务宣传助力，首都体育学院百余名学生的参与，为这场冰雪盛会增添了火热激情！

首都体育学院学生在冬奥会工作岗位上始终保持良好的精神面貌，努力克服低气温、高强度工作等带来的挑战，凭借青春活力与满腔激情，以最佳的状态、最好的形象，全力以赴为北京冬奥会服务，向世界人民展现最好的中国青年形象，书写激昂的青春华章。

首都体育学院展示娱乐表演团队受到广泛关注与好评（2）

首都体育学院体育展示表演人员在北京冬残奥会赛场绽放光芒

2022年3月4日晚，随着冬残奥会开幕式的圣火在国家体育场（鸟巢）点燃，北京2022年冬残奥会盛大开幕！

在此之前，首都体育学院武术与表演学院共有115名体育展示演职学生为北京冬奥会服务。随着北京冬奥会的结束，首都体育学院部分学生进行了短暂休息与调整，其中45名学生依然坚持在冬残奥会的比赛现场，继续为冬残奥会服务。

这些学生分别在国家体育馆、国家游泳中心、张家口云顶滑雪公园、张家口国家冬季两项中心和延庆赛区5个比赛场馆进行体育展演服务，担任比赛开场舞、群众互动、体育展示表演等工作任务。

为了让冬残奥会的运动员感受到大家的热情，体育展演服务的学生克服种种困难，用最佳的精神状态和工作态度迎接冬残奥会的到来，全心全意为冬残奥会赛事服务。他们坚持到了最后，圆满完成了任务。

首都体育学院体育展示表演人员在北京冬残奥会赛场

第四章

搭建育人平台，
用专业水准助力冬奥赛事转播

　　奥林匹克广播服务公司（OBS）作为奥运会的主转播商，由国际奥委会于 2001 年创建，负责制作和分发国际电视转播信号，为遍布全球的电视频道提供广播、电视、移动端及在线报道。OBS 开展的冬奥会转播培训项目（BTP）起源于 1984 年的洛杉矶奥运会，迄今已共有 11500 余名学生参与其中，旨在通过招募和培训在校大学生参与奥运会转播工作，使其了解广播运行机制，获得宝贵的专业知识和工作经验。同时，该项目作为重要的奥运人才遗产项目，为主办国培养转播专业人才，以实现体育转播行业的可持续发展。首都体育学院积极承接 BTP 项目培训工作，搭建实践育人平台，共有 43 名学生入选 BTP 项目。冬奥会期间，他们分别在 13 个冬奥场馆，承担着音频助理、摄影助理及导播助理等岗位工作，同时要协助解决 OBS 制作人员在交通、餐饮、制服、上下班登记等方面的一切需求。冬奥会期间 BTP 项目学生全员服务总时长达到 9100 小时，人均工作时长为 213 小时。在与 OBS 专业转播人员共同工作生活的这段时间里，参与 BTP 项目的每个学生都收获颇丰，他们不仅增长了见识、开阔了眼界、收获了友谊，更学会了工作的方式方法，明确了未来的发展目标。运动员们带给他们的积极向上的精神力量、强大祖国带给他们的自豪感，以及无与伦比的冬奥会留给他们的精彩体验，都将成为他们毕生难得和难忘的宝贵财富。

首都体育学院 BTP 项目学生助力冬奥转播工作

2021 年，首都体育学院应北京冬奥组委、奥林匹克广播服务公司（OBS）邀请，为北京冬奥会转播培训项目（BTP）予以支持。

OBS 由国际奥委会于 2001 年创建，旨在将所有奥运会、冬奥会和青奥会进行官方转播，负责把图片和声音传递给全球数十亿观众，无偏见地制作和传输来自每个场地的每项运动。OBS 开展 BTP 项目，旨在通过招募和培训在校大学生参与奥运会转播工作，使其了解广播运行机制，获得宝贵的专业知识和工作经验。同时，该项目作为重要的奥运人才遗产项目，为主办国培养了转播专业人才，以实现体育转播行业的可持续发展。

2021 年 10 月至 12 月，BTP 项目场馆运行岗位的培训在首都体育学院展开。经过培训选拔，首都体育学院共有 43 名学生入选，其中管理与传播学院 34 名、研究生部 6 名、运动科学与健康学院 3 名。他们分布在国际广播中心、国家体育馆、云顶滑雪公园、国家越野滑雪中心等 13 个奥运场馆内，参与赛事服务和场馆运行两个岗位的工作。赛事服务岗位主要负责 OBS 工作人员赛事期间在地面交通、餐饮、住宿等方面的协调工作；场馆运行岗位主要负责赛事现场直播中的收音、摄像等协助工作。他们从不同的角度为冬奥会的转播工作贡献力量。

部分同学还在冬奥会结束后继续服务于冬残奥会，保障各项赛事的顺利转播。他们也成为参与冬奥转播服务工作时间最长的项目组成员之一。

展现青春风采，一路见证收获
首都体育学院学生参与 2022 年北京冬奥会转播培训项目

为深入贯彻习近平总书记关于冬奥筹办工作的一系列重要指示精神，高标准高质量推进服务保障冬奥会筹备各项工作，确保圆满完成各项目标任务，受北京冬奥组委委托，首都体育学院管理与传播学院学生利用自身专业知识，积极参与到奥林匹克广播服务公司（OBS）的北京冬奥会转播培训项目（BTP）中来，经过前期的培训及服务冬奥会和冬残奥会的经历，学生见证了奥运健儿争金夺银的精彩瞬间，获得了宝贵的赛事转播经验，更难能可贵

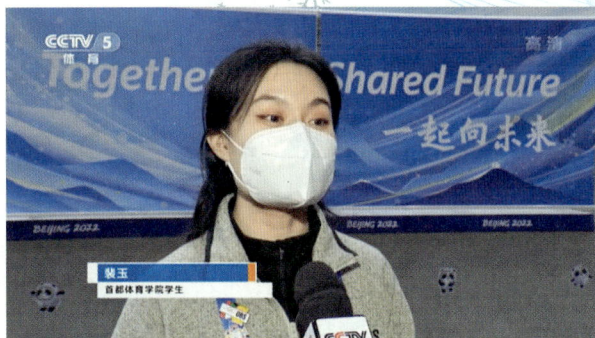

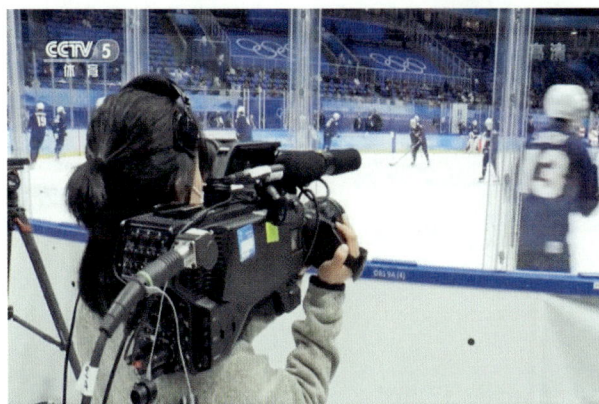

首都体育学院学生参与 2022 北京冬奥会转播培训

的是，他们在冬奥会赛场上用青春的风采和汗水收获了一段难忘的宝贵经历。

2021 年 10 月至 12 月，BTP 项目场馆运行岗位的培训在首都体育学院大学生体育馆展开。OBS 方面安排有多次奥运转播经历的摄影摄像团队老师们前来，为学生讲解包括机位排布、摄影协助、拍摄角度等内容；同时配备曾经服务过 2020 年东京奥运会的转播车，带领学生亲身体验赛事拍摄、导播转播等。培训期间历经疫情反复，首都体育学院与冬奥组委多次协调，最终顺利完成培训工作。

首都体育学院 BTP 项目学生自 2021 年 12 月 15 日起陆续进入闭环，至 2022 年 2 月 3 日全部到达指定场馆。他们分布在张家口云顶滑雪公园、张家口国家越野滑雪中心、张家口国家冬季两项中心、张家口山地转播中心、延庆国家高山滑雪中心、延庆国家雪车雪橇中心、国家体育场、首钢滑雪大跳台、五棵松体育中心、国际广播中心、国家游泳中心、国家体育馆、主媒体中心共计 13 个冬奥场馆中。

首都体育学院 BTP 项目学生所在岗位包括场馆运营和赛事服务。其中场馆运营岗位又分为音频助理、摄影助理和导播间助理。主要工作是协助摄像师与音频师进行转播工作，工作内容包括铺设电缆、安装机器、携带与更换电池、携带三脚架、比赛直播收音、递送资料，以及在导播间协助导播进行转播并根据情景进行翻译工作等；赛事服务岗位的主要工作内容包括协助解决 OBS 制作人员在交通、餐饮、制服、上下班登记等方面的一切需求。冬奥会期间 BTP 项目全员服务总时长达到 9100 小时，人均工作时长 213 小时。

冬残奥会期间，BTP 项目 18 名学生继续助力转播工作，分布在国家游泳中心、国家冬季两项中心、国家会议中心、国家体育馆、国家高山滑雪中心、云顶滑雪公园、山地转播中心和主物流中心共计 8 个场馆内，进行场馆运营、赛事服务、评论系统岗位的工作。其中场馆运营、赛事服务岗位的工作内容与冬奥会期间类似，评论系统岗位的工作地点位于主物流中心，主要负责将各奥运场馆返回的转播设备进行数目清点、整理归纳，而后转交机场运回

OBS 马德里总部。该岗位学生持续工作到 2022 年 4 月。

在与 OBS 专业转播人员共同工作生活的这段时间里，参与 BTP 项目的每个学生都收获颇丰，他们不仅增长了见识、开阔了眼界、获得了友谊，更学会了工作的方式方法，明确了未来的发展目标，同时，运动员们带给大家的积极向上的精神力量和祖国强大带给他们的自豪感，以及无与伦比的冬奥会留给他们的精彩体验，都将成为同学们毕生难得和难忘的宝贵财富。

"我在现场拍冬奥"
首都体育学院学生加入北京冬奥会转播团队

定点、挖雪、铺缆、固定，动作一气呵成。这是首都体育学院学生王子豪北京冬奥会 BTP 项目张家口云顶滑雪公园的日常工作之一。

"布线和穿缆是我在冬奥会前期最主要的工作，赛时我还会手持移动收声设备采集运动员在起跳、滑行过程中的声音。"王子豪介绍道，由于专业对口，他能直接参与赛事音频采

王子豪在现场拍冬奥

集的核心工作。

转播培训项目，始于1984年洛杉矶奥运会，英文全称为"Broadcast Training Program"（BTP），是由奥运会主转播商奥林匹克转播服务公司（OBS）发起的教育项目，旨在通过培训在校大学生参与奥运会转播工作，为举办国培养转播专业人才，践行奥运人才遗产发展理念，以实现体育转播行业的可持续发展。2021年年底北京冬奥组委会媒体运行部配合OBS，在疫情防控形势下安全有序地完成了各项培训任务，培训覆盖了转播商服务、赛事服务、非现场制作、奥运频道、场馆运行、档案管理、评论员服务等岗位。

BTP项目负责人卢安娜表示，北京冬奥会的成功举办，离不开每一个BTP项目同学的付出和努力。希望未来能有更多同学参与到BTP项目中，共同探索转播的魅力。

奥林匹克广播服务公司向首都体育学院发来感谢信

"寒雪梅中尽，春风柳上归"，瑞雪已过，春意又来，2022年北京冬奥会和冬残奥会已经落下帷幕。北京冬奥会转播培训项目（BTP）学生共计43名在冬奥会期间分布在13个冬奥场馆中，进行场馆运营和赛事服务岗位工作；冬残奥会期间，共有18名学生在8个奥运场馆中进行场馆运营、赛事服务、评论系统岗位工作。基于首都体育学院自2020年年底起对BTP项目的大力支持和学生们的积极参与，奥林匹克广播服务公司（OBS）发来感谢信，感谢和赞扬了首都体育学院给予的支持和学生的出色表现。

感谢信中提到BTP项目是OBS运营的核心，他们很高兴能够为学生提供在奥运期间担任专业转播人员的机会。BTP项目参与人员责任重大，对冬奥会的成功转播起到至关重要的作用。感谢信中写道："学生们勤奋、积极、值得信赖。在过去的2个月里，我们一直在与学生们进行互动，我们相信这些年轻的参与者们已经充分利用这个机会来进行学习和实践。"同时OBS方面强调，如果没有首都体育学院的支持，北京冬奥会的转播任务不可能如此出色地完成。特别感谢学校一直以来对BTP项目的支持与帮助。

首都体育学院 BTP 项目学生接受央视、新华社采访

来自首都体育学院管理与传播学院 BTP 项目的学生由于表现出色，获得了参加北京冬奥会带薪实习的机会，并在工作中接受了央视和新华社的采访。

来自 2019 级新闻二班的张诗雨，参与了北京冬奥会 BTP 转播项目中。在北京冬奥会中，她主要在"鸟巢"和延庆国家高山滑雪中心工作。辗转于两个赛区的她，既感受到了开、闭幕式现场演员观众的期待与喜悦，又体会到在高山滑雪赛场上运动员们的速度与激情。张诗雨同学在采访中谈道："虽然我们的工作环境非常的寒冷，但是在这过程中我们是

首都体育学院 BTP 项目学生接受央视、新华社采访

非常快乐的。"在转播的过程中，张诗雨与她的团队在尽全力将工作做到最好的同时也关注着每一位运动员的比赛情况。

来自 2019 级公共事业管理专业的裴玉，报名参与了 BTP 项目，经过前期的培训和不懈的努力，她终于进入 BTP 项目组，接触了赛事的转播工作。在赛前，她的主要工作是布线和穿缆；在赛时则担任摄像助理的工作，同时有机会进行实际拍摄工作。在扛上摄像机的那一刻，她也深刻意识到自己真正地参与到了冬奥的转播制作中。运动员们在赛场上风驰电掣，场地周围布置着许多机位，需要摄像师同伴们专业的技能和十足的默契才能将一场完整的比赛呈现在观众面前。

来自 2019 级公管班的蔡元诚，参与了云顶滑雪公园的转播工作中。在自己的家乡参与冬奥会，他总是带着满满的自豪感。蔡元诚说："齐广璞夺冠那场比赛，我就在现场，真的太开心了！在家乡见证中国队夺冠，这是一辈子都难忘的宝贵体验。"

第五章

"硬核"科技助力，用科技赋能北京冬奥

中国体育代表团完成了北京冬奥会全部7个大项、15个分项的"全项目参赛"任务，共获104个小项194个席位的参赛资格，"两个奥运"参赛成绩均取得历史性突破。科技是不可或缺的助力，科技力量在中国冰雪健儿备战以及冬奥会和冬残奥会举办中起到了关键作用。首都体育学院切实发挥体育科技创新的排头兵作用，系统开展科技助力冬奥工作，包括：搭建全国首个"体医工融合高精尖创新中心"，在体育人工智能大数据、运动促进健康关键技术等10个方向开展科技攻关；"冬奥会和冬残奥会冰雪项目科技服务团队""身体运动功能训练团队""心理服务团队"等特色科研团队为钢架雪车、雪上技巧、自由式滑雪、单板滑雪、越野滑雪、冬季两项和轮椅冰壶等多个国家队和冬奥会项目开展了科技攻关服务；助力中国花滑双人滑夺得北京冬奥会第9金，助力冬残奥会的越野滑雪、冬残奥冬季两项、轮椅冰壶国家队取得12金8银11铜的优异成绩；自主研发的越野滑雪裁判辅助系统实际应用于冬奥赛事中，获国际雪联高度赞誉；联合多家机构，将北斗精准时空、人工智能等先进技术引入冬奥会，依托延庆高山滑雪中心、雪车雪橇中心建设奥运科技应用示范区。"北斗冬奥应用示范项目"直接服务于冬奥赛事，首次实现了北斗精准时空技术应用于体育领域，是北斗在数字体育产业中的首创之举，受到了社会的广泛关注。

把初心落在行动上，把使命担在肩膀上

首都体育学院教授徐守森助力国家轮椅冰壶队在北京冬残奥会成功卫冕

2022年3月12日17：00，北京冬残奥会轮椅冰壶决赛，由中国队迎战传统强队瑞典队。中国轮椅冰壶队在开局连输2场的不利情况下，以连续10场胜利的优秀成绩成功卫冕，夺得北京冬残奥会中国残疾人体育代表团第18枚也是最后一枚金牌。这是继2018年3月国家轮椅冰壶队取得平昌冬残奥会金牌、实现中国冬残奥历史上该项目金牌和奖牌两个零的突破之后，时隔4年成功卫冕，成为中国冬残奥会历史上第一支卫冕的队伍。这也是2022年北京冬残奥会中国代表团在"冰立方"获得的唯一的金牌！

作为2022年北京冬残奥会中国体育代表团唯一的运动心理咨询师，首都体育学院运动科学与健康学院心理学与教育学教研室教师徐守森从开幕式到闭幕式全程参与北京冬奥会赛

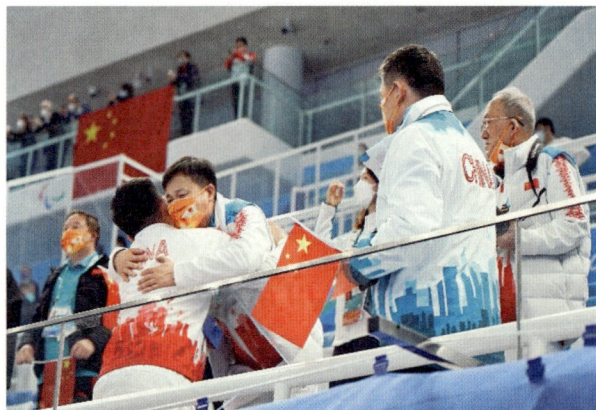

首都体育学院教授徐守森助力国家轮椅冰壶队成功卫冕

事，专门为国家轮椅冰壶队提供运动心理咨询服务。

国家轮椅冰壶队的首场比赛第一场比赛对阵传统强队加拿大队，由于国家轮椅冰壶队志在卫冕，首场比赛处于胶着状态时，中国队求胜心切，导致失误率过高，最终输掉了比赛。但是由于队伍备战期间的心理准备方案中已经制定了"三步走"策略：第一步冲出循环赛打入四强，第二步赢得半决赛，第三步赢得决赛；已经做好了循环赛输球3场到4场的准备，所以并没有产生过大的心理压力。这也是运动心理学中目标设置策略和心理准备方案的一次典型应用。第二场比赛对阵瑞典，同样是一支传统强队。国家轮椅冰壶队吸取第一场比赛失利的教训，心态有所沉稳，成功率有所上升，但是并没有完全走出急躁的心态，最终还是输掉了比赛。

连续两场比赛失利，队伍进行了深刻的反思和总结，参赛目标也从"力争卫冕"变成了"冲击冠军"。当时运动员和团队面临巨大的心理压力，已经严重影响到运动员的技术发挥。针对队伍的战术调整和心理状态，徐守森对主教练岳清爽说："得采取一些特殊手段了！"在这个关键时刻，徐守森沉着面对，运用专业技能进行了一系列卓有成效的心理疏导。他制定了有针对性的运动心理学音乐调节减压手段，充分借助国家轮椅冰壶队特有的"海涛定律""鞋子定律"针对不同队员的心理疏导方案等，经过努力把全队的心理调整到良好的备战状况。随后，国家轮椅冰壶队开启了十连胜的光辉历程，一路打入半决赛和决赛，最终成功卫冕。徐守森的运动心理疏导对于重新激发

冰壶队的斗志，起到了关键作用，为队伍成功卫冕做出了独特贡献。

除了助力国家轮椅冰壶队在北京冬残奥会上成功卫冕之外，作为钟秉枢教授所负责的"科技冬奥"重点专项研究课题的骨干成员，徐守森所服务的另外两支队伍——国家残疾人越野滑雪队和国家残疾人冬季两项队也取得11枚金牌的好成绩，加上轮椅冰壶，合计12枚金牌，占北京冬残奥会18枚金牌的2/3数量。并且在北京冬残奥会上，除了轮椅冰壶成功卫冕之外，其余5支队伍也都有奖牌入账。

2022年北京冬残奥会中国体育代表团优异成绩的取得，跟首都体育学院科技冬残奥团队提供的科研攻关与科技服务密切相关。体能方向的尹军教授、潘迎旭教授、周龙峰副教授、孙永生副教授，生理方向的吴昊教授、黄兴副教授，心理方向的李京诚教授、李四化副教授、殷小川教授、姚妮沙博士以及3个学科至少3届研究生所组成的科技冬残奥科研团队，在4年备战期间为轮椅冰壶、残疾人越野滑雪、残疾人冬季两项这3支残疾人队伍作出了特殊贡献。

徐守森是首都体育学院心理学科第一位进入代表团大名单并助力团体项目奥运会成功卫冕的心理学教师，相信这一成绩的取得必将在很大程度上提高首都体育学院心理学科的知名度和心理学科在兄弟院校中的影响力。

作为首体人，在历史的关键时刻，用实际行动践行了"把初心落在行动上，把使命担在肩膀上"的责任担当。首体人将继续贯彻"体、医、工"融合发展的理念，砥砺前行，为国家体育事业的发展作出更大的贡献。

强力保障冬奥第一金！首都体育学院和汉朗科技联合自研越野滑雪裁判辅助系统

2022 年 2 月 5 日是北京冬奥会第一个金牌日。在越野滑雪女子双逐赛中，诞生了北京冬奥会首枚金牌。挪威名将特雷丝·约海于格力压一众好手，最终夺冠。由首都体育学院与汉朗科技联合自研的越野滑雪裁判辅助系统助力裁判员对比赛全过程进行准确裁定。

越野滑雪是冬季项目中的马拉松，赛道路线长、运动员比赛时间长，是典型的耐力项目。在以往的冬奥会比赛中，越野滑雪因其自身项目的特点，裁判员很难用肉眼快速准确地识别出运动员在比赛过程中的技术犯规，往往要在赛后看录像才能作出执裁决定。由首都体育学院与汉朗科技联合自研的越野滑雪裁判辅助系统，解决了这一困扰裁判员多年的问题，提升了判罚工作的效率与准确性。

越野滑雪辅助裁判系统结合北斗精准定位功能与 5G 高速传送特性，助力裁判员快速、精准执裁。系统会在运动员易出现犯规行为的地段"布控"，做到提前预判、精准捕捉、实时上传。这种"抓现行"的方法，有效保证了越野滑雪裁判执裁的公平和高效。借助裁判辅助系统，裁判员好像有了"千里眼"，能在第一时间作出准确裁定。

首都体育学院和汉朗科技联合自研越野滑雪裁判辅助系统

首都体育学院科技冬残奥科研团队为中国队 2/3 的金牌提供助力

在 2022 年北京冬残奥会上，中国体育代表团在所参加的全部 6 个大项 78 个小项上共获得 18 金 20 银 23 铜合计 61 枚奖牌的好成绩，有史以来第一次登上奥运金牌榜及奖牌榜第 1 位。

可喜可贺的是，首都体育学院钟秉枢教授、吴昊教授带领的科技冬残奥科研团队为 6 支队伍中的 3 支队伍备战冬残奥会全程提供服务，为中国体育代表团取得空前的好成绩做出了独特贡献。

2018 年以来，钟秉枢承担国家科技部科技冬残奥重点专项研究课题"冬残奥越野滑雪、冬季两项与轮椅冰壶项目运动员身体机能特征、专项体能及心理训练的关键技术研究"，组建了包括生理、体能、心理在内的 3 支科研队伍，为国家残疾人越野滑雪队、国家残疾人冬季两项队和国家轮椅冰壶队这 3 支队伍备

战 2022 年北京冬残奥会提供科研攻关和科技服务。生理方面，吴昊教授、黄兴副教授及其研究生负责 3 个项目运动员身体机能监测和运动营养领域的工作。体能方面，尹军教授、潘迎旭教授、周龙峰副教授、孙永生副教授及多名研究生组成的体能团队负责构建适用于 3 个项目特异化和运动员个性化的体能训练方案并派驻研究生提供驻队服务。心理方面，徐守森教授、李京诚教授、李四化副教授、殷小川教授、姚妮沙博士等负责构建运动心理干预方案并落地执行。

2018 年平昌冬残奥会上，除了轮椅冰壶夺取 1 枚金牌之外，中国代表团越野滑雪和冬季两项的最好成绩是越野滑雪第 4 名。与之相比，北京冬残奥会这 3 支队伍都创造了历史，其中，国家残疾人越野滑雪队夺得 7 金 6 银 5 铜合计 18 枚奖牌，国家残疾人冬季两项队夺得 4 金 2

首都体育学院科技冬残奥科研团队为中国队 2/3 的金牌提供助力

银 6 铜合计 12 枚奖牌，加上国家轮椅冰壶队的 1 枚金牌，这 3 支队伍共夺得 12 金 8 银 11 铜合计 31 枚奖牌。也就是说，2/3 的金牌和 50% 以上的奖牌跟首都体育学院科技冬残奥科研团队有关。

这次北京冬残奥会科研攻关与科技服务工作，无论是开展课题研究还是提供下队服务，

都集合了体能、生理、心理 3 个领域的科技力量，也得到国家体育总局运动能力评价与研究综合重点实验室和北京市运动机能评定与技术分析重点实验室的人员及设备支持，是首都体育学院集中优势科研力量服务冬残奥会的一次集中会演。

残奥出征！首都体育学院教授徐守森作为中国体育代表团唯一心理医生出征冬残奥会

2022 年 2 月 21 日，北京 2022 年冬残奥会中国体育代表团正式成立，首都体育学院运动科学与健康学院教授徐守森出现在大名单中，成为本届冬残奥会中国体育代表团中唯一的心理医生。

徐守森曾于 2018 年助力国家轮椅冰壶队夺取平昌冬残奥会冠军，实现中国冬残奥会项

首都体育学院教授徐守森作为中国体育代表团唯一心理医生出征冬残奥会

目金牌和奖牌零的突破。新周期以来，作为首都体育学院钟秉枢教授承担的国家重点研发计划"科技冬奥"专项"冬残奥运动员运动表现提升的关键技术"项目子课题"冬残奥越野滑雪、冬季两项与轮椅冰壶项目运动员身体机能特征、专项体能及心理训练的关键技术研究"项目骨干成员，持续为国家轮椅冰壶队、中国残疾人越野滑雪队和中国残疾人冬季两项队提供运动心理咨询服务。

在 2021 年 10 月的轮椅冰壶世锦赛上，徐守森助力国家轮椅冰壶队夺取冠军。鉴于轮椅冰壶运动项目对运动心理咨询旺盛的需求，以及前期良好的合作基础，徐守森入选 2022 年北京冬残奥会中国体育代表团大名单，继续辅助国家轮椅冰壶队冲击 2022 年北京冬残奥会奥运金牌。徐守森也是整个代表团唯一的运动心理咨询师。

首都体育学院国家重点研发计划课题助力北京冬残奥会中国代表团夺首金

首都体育学院钟秉枢教授、吴昊教授等承担的国家重点研发计划课题"冬残奥越野滑雪、冬季两项与轮椅冰壶项目运动员身体机能特征、专项体能及心理训练的关键技术研究"为2022年北京冬残奥会中国代表团夺得首金提供科技助力。

吴昊教授、黄兴副教授及多名研究生组成的生理团队构建了残疾人冬季两项无创竞技状态快速诊断系统和营养需求智能系统，编制了《冬残奥冬季两项运动营养指南》，为

刘子旭、郭雨洁等多名运动员制定个性化膳食营养建议以及赛期膳食营养原则，为该项目运动员关键技术突破、积累体能储备、调整最佳赛前状态等起到重要保障作用。同时，团队还开展了冬季两项动静转换关键技术研究，以提高运动员设计稳定性和成功率。首都体育学院生理团队在驻队开展科技攻关工作期间，配合教练组训练安排，为每名队员开展血液和尿液指标的监测工作，为协助教练员制定个性化训练方案提供了重要依据，

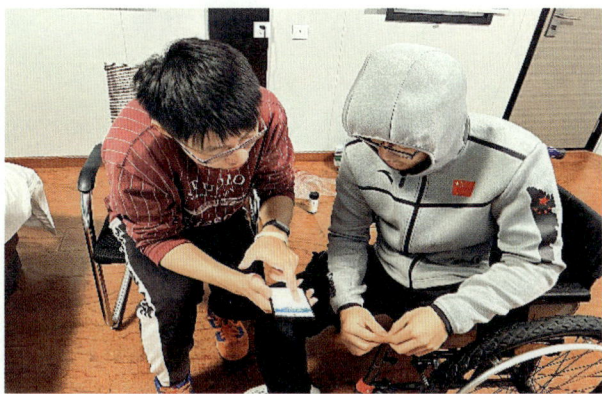

首都体育学院国家重点研发计划课题助力北京冬残奥会中国代表团夺首金

为该项目金牌突破提供了科技支撑。

尹军教授、潘迎旭教授、孙永生副教授、周龙峰副教授及多名研究生组成的体能团队，根据运动员的残疾类别和运动员体能发展的现状，结合专项技术动作特征构建适用于该项目特异化和个性化的体能训练方案。根据体能训练方案实施训练，在训练中主要采用的训练方法有持续训练法、间歇训练法、重复训练法、变换训练法、游戏法等。对于不同残疾类别的运动员，体能训练方法手段的安排各有不同。发展上肢力量主要采用各种水平或者非水平面借助器材进行的推、拉、抛、接、旋转等动作模式进行训练。采用静力性力量训练和动力性力量训练相结合的俯卧、侧卧、仰卧或跪姿等动作模式发展脊柱腰段力量，采用髋关节的屈伸、内收和外展等动作通过仰卧、侧卧和跪姿等动作模式发展运动员髋部力量。发展下肢力量采用双腿、单腿和分腿等动作，通过徒手或者借助器材进行推、蹲、拉、摆、跳等动作模式进行训练。负荷安排遵循发展基础力量和耐力素质时，量大强度低；发展最大力量、爆发力、速度时，量小强度大。在训练实践中进行负荷的监控，并认真贯彻执行周期性测试，通过测试检验训练效果。最后编制了《国家残疾人越野滑雪队运动员体能训练指南》。

首都体育学院还自主研发了室内滑雪训练和测试器并申请了国家新型专利，能够为运动员提供室内场景下的模拟滑雪训练和测试，通过结构设计和系统集成实现不同坐姿、不同插杆姿势的训练和实验数据采集，为专项技术和体能训练提供理论参考；同时，结合高精度动作捕捉系统和运动生物力学仿真分析算法，可探索不同滑雪姿势下上肢发力方式的差别，针对不同发力方式带来的关节损伤进行分析。

徐守森教授及多名研究生组成的心理团队在下队到冬季两项国家队期间，对2022年北京冬残奥会中国队第一枚金牌获得者刘子旭做过几次个体心理咨询，重点对刘子旭的训练方法和生活态度等方面进行沟通，耐心倾听他的想法，并针对他在训练和生活中的困惑提出建设性意见。刘子旭是一位训练态度认真、在训练当中有自己的想法并且生活非常低调的运动员，这些优秀的心理品质对他最终成绩的获得起到了保驾护航的作用。首都体育学院心理学团队在下队越野滑雪期间，对2022年北京冬残奥会中国队第二枚金牌获得者郭雨洁进行过两次3小时左右的个体心理咨询、两次心理灵活性问卷测试和两次ANT注意功能测试，倾听运动员的想法，对不自信等心理困惑进行有针对性的解决。郭雨洁是一位很聪明的运动员，一点就通，并且训练时有自己的想法和思路，这些优质的心理品质都让她从此成为一位高水平运动员。

该项目的顺利开展，一方面是首都体育学院复合型团队在科技助力竞技体育运动员水平提升的又一次重要跨越；另一方面，该项目启动至今已有3名博士研究生和10余名硕士研究生入队开展科技助力工作，不仅提升了实践能力，更开阔了专业视野，对首都体育学院研究生人才培养工作起到重要作用。目前，该项目在首都体育学院北京市重点实验室、科技处、运动科学与健康学院、体育教育训练学院、研究生部等多部门密切配合下有序推进。

首都体育学院身体运动功能训练团队助力花滑双人滑夺得北京冬奥会第九金

2021年9月，应国家冬季运动管理中心花样滑冰队的邀请，首都体育学院迅速组建花样滑冰身体运动功能训练科技保障团队，由尹军教授担任负责人，博士生刘凯担任执行教练，带领硕士生代俊龙和李志恒共同完成科技保障任务。

团队针对花样滑冰重点项目双人组的体能和运动损伤预防开展了深入而细致的科技攻关，采用先进的系统测试与评估方法，确定了将抛跳和单跳落冰稳定性、单跳的起跳高度和旋转速度、男子的上下肢爆发力、躯干支柱肌力不平衡作为重点突破问题。据此，团队研制了下肢快速离心训练方案，解决了落冰稳定性问题；采用整体爆发力训练方案，解决了跳跃高度和旋转速度问题；采用躯干力量和抗旋训练方案，解决了躯干中轴能量传递效率问题。与此同时，团队成员主动与清华大学科技团队合作，实现了功能训练数据的及时采集和量化处理，及时测评了功能训练效果，保障了隋文静、韩聪组合以充沛的体能和精神状态参加决赛。

首都体育学院身体运动功能训练团队的工作得到双人滑总教练赵宏博和花样滑冰协会主席申雪的高度认可和赞扬，也得到了领队袁守龙博士以及姚滨教练的表扬，展现了首都体育学院博士生人才培养质量和专业化水平。

首都体育学院身体运动功能训练团队助力花滑双人滑夺得北京冬奥会第九金

"冰立方"有位心理"破冰师"

首都体育学院教授徐守森帮助冬残奥运动员激发更多潜能

2022年3月6日和7日，在国家游泳中心"冰立方"，参加北京2022年冬残奥会轮椅冰壶比赛的中国轮椅冰壶队，连续取得三场循环赛胜利。而在这支劲旅背后，首都体育学院运动心理学教授徐守森一直在为运动员们提供心理咨询服务，帮助他们排忧解难，破冰前行。

"如果把面向大众的心理咨询看作治病救人，是'将患者拉出深渊'，那么运动心理咨询则更像激发运动员潜能的过程，是把他们'往山顶上推'。"徐守森说，相比于健全人，残疾运动员更具防御性、更加敏感，心理访谈便成为打开他们心扉的第一步。"我希望通过聊天，了解他们的家庭背景和成长经历，也会陪他们在一段段励志故事中一起哭一起笑，从而慢慢建立起信任关系。"

冬残奥会赛场上，输赢往往就在毫厘之间，帮助残疾运动员进行心理放松，是运动心理咨询师最大的任务。经过调研，徐守森发现，在完成投壶动作的瞬间，很多运动员脑海里会闪过消极的念头：这一壶一定要准啊，不然这局就输了……"这反映出运动员紧张、不自信的心理，还会导致其注意力不集中。"

为了帮助运动员排除杂念，徐守森结合轮椅冰壶的特点，开发出一系列小窍门：注意力不集中时，捏一下轮椅的把手或掐一下胳膊，轻微的压迫和疼痛感会把杂念赶出头脑；过于紧张和不自信时，像闻花香一样深吸一口气，再像轻吹灰尘一般缓慢吐气，反复几次，情绪就会平稳；用写日记或字条的方式给自己积极的心理暗示，告诉自己"我很棒""我不惧挫折困难"……

"一位运动员采纳了我的建议，在自己的投壶杆上贴上了一张写着'冷静、果敢、自信'的小纸条。"徐守森欣慰地说，别看这六字简单易懂，却是运动员经过深思熟虑总结出的制胜秘籍。

其实早在2017年，徐守森及其团队就开始为中国轮椅冰壶队提供运动心理咨询服务。在2018年韩国平昌冬残奥会上，中国轮椅冰壶队一举夺魁，为中国实现了冬残奥会奖牌和金牌零的突破。时隔4年，这支运动心理队伍又陪伴中国轮椅冰壶队奋战在北京冬残奥会的赛场上。

回望来路，徐守森说："越来越多的残疾人运动项目对运动心理咨询敞开了大门，但我们还有很远的路要走，希望有更多高质量的运动心理咨询师加入进来，陪伴运动员们一起破冰前行。"

首都体育学院教授徐守森帮助冬残奥运动员激发更多潜能

北京冬奥会上，电子"鹰眼"如何紧盯犯规"抓现行"

北京冬奥会首枚金牌诞生于越野滑雪项目。赛场边，一双电子"鹰眼"正在默默注视着赛场上发生的一切。由首都体育学院与汉朗科技联合研发的越野滑雪裁判辅助系统助力裁判员对比赛全过程进行准确裁定。

越野滑雪是冬季运动项目中的马拉松，由于赛道路线长、地形复杂、比赛时间长、速度快等特点，裁判员很难用肉眼快速准确地识别出运动员在比赛过程中的技术犯规，往往要在赛后看录像才能作出执裁决定。越野滑雪裁判辅助系统解决了这一问题，提升了判罚工作的效率与准确性。

首都体育学院体育人工智能研究首席专家孙刚介绍，该裁判辅助系统结合北斗精准定位功能与5G高速传送特性，在运动员易出现犯规行为的地段布控，做到提前预判、精准捕捉、实时上传。这种"抓现行"的方法，有效保证了越野滑雪裁判执裁的公平和高效。

"虽然越野滑雪是个人项目，但在某个时间段有多个运动员同时通过一处点位的情况时有发生，特别是在比较狭窄的赛道上，很容易造成阻挡。"他说，阻挡既有器械阻挡，也有故意阻挡。这时，电子"鹰眼"会在此处进行360度全方位监控，发现犯规行为立刻上报。

此外，在比赛中，运动员用"左右蹬冰"

电子"鹰眼"紧盯犯规"抓现行"

的动作进行爬坡是违规行为。但多数情况下，裁判员无法当即作出裁定，需借助裁判辅助系统的视频捕捉功能，才能对比赛进行第一时间的精准判断。

据介绍，基于北斗精准定位功能的服务系统，还运用在比赛的多个方面。"越野滑雪裁判辅助系统只是其中之一，还有运动员科学训练服务系统、工作人员雪场运动轨迹和危险区域识别系统、环境监测和决策系统。"孙刚说，这意味着，除捕捉裁判外，该系统还具备辅助运动员规范动作、环境监测、赛场工作人员安全保障等多种应用。

首都体育学院研发的越野滑雪裁判辅助系统"北斗+5G"实时传输辅助裁判员高效执裁

2022年2月23日，央视《新闻直播间》报道了由首都体育学院研发的越野滑雪裁判辅助系统——中国首创的赛场实时比赛监测系统在北京冬奥会张家口赛区的工作情况。越野滑雪辅助裁判系统结合北斗精准定位功能与5G高速传送特性，助力裁判员快速、精准执裁。系统会在运动员易出现犯规行为的地段布控，做到提前预判、精准捕捉、实时上传。这种"抓现行"的方法，有效保证了越野滑雪裁判执裁的公平和效率。

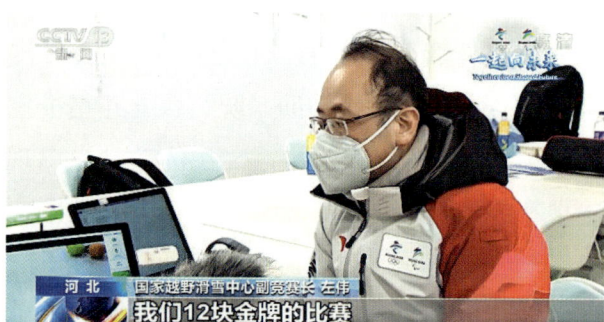

首都体育学院研发的越野滑雪裁判辅助系统"北斗+5G"实时传输辅助裁判员高效执裁

科技传承冬奥，时空连接未来

冬奥遗产"数字沉浸时空仓"在北京市延庆区开展示范活动

为了进一步弘扬冬奥精神，增强学生的民族自豪感，激发学生奋发向上的热情，推动冬奥科技进校园，2022年3月9日，由首都体育学院（北京国际奥林匹克学院）、延庆区教委冬奥进校园工作办公室联合主办的"科技传承冬奥，时空连接未来"主题活动在国家级奥林匹克教育示范校和冰雪运动特色学校——北京市延庆第一中学举行，活动重点展示科技

冬奥成果"数字沉浸时空仓"，旨在培养中小学生积极参与相关科技活动的兴趣，传承冬奥遗产。

"数字沉浸时空仓"为首都体育学院主持承担的国家重点研发计划"科技冬奥"重点专项"冬奥会奥林匹克数字博物馆呈现与传播技术研究及应用示范"项目成果，由该项目课题承担单位之一的北京清城睿现数字科技研究院

冬奥遗产"数字沉浸时空仓"在北京市延庆区开展示范活动

有限公司研发并进行数字内容制作。"数字沉浸时空仓"秉持"以科技助力冬奥，予历史以未来"理念，是一款集成沉浸式影厅、VR/AR交互体验的小型便携式数字博物馆。仓体构件100%预制化、无焊接式，可实现快速一体化拆装，仓体回收率90%以上，能够实现循环复用。仓内用数字孪生、虚拟现实和数字复原技术展现奥运源点、科技冬奥、北京优秀文化遗产等主题内容，是科技冬奥和冬奥文化内容与形式的深度融合。

"数字沉浸时空仓"在冬奥会期间服务于冬奥村"北京小屋"，延庆第一中学是时空仓进驻校园的第一站，学生近距离地体验了科技冬奥。跟随冰雪精灵的脚步，影片可以带领观众720度沉浸式穿越2022年北京冬奥会两地三赛区竞赛场馆，体验最新科技手段下的冬、夏运动场馆转换技术，感受科技下的冬奥精神。观看沉浸式影片后，同学们感慨于科技力量给学生的学习和生活带来的便利，并表示将利用学校开展的科技创新机会好好学习科技知识，以期为祖国的科技发展奉献一己之力。

赛后，数字沉浸时空仓将面向冬奥赛区、博物馆、校园、社区等多个应用场景继续开展应用示范，依托北京国际奥林匹克学院实现可持续利用，面向中小学生、学校教师以及社会公众，继续讲述动人的"中国故事"，传承奥运精神，体现科技冬奥和冬奥遗产战略的深度融合。

延庆区教委冬奥进校园工作办公室主任孙晓兵、首都体育学院科技处副处长及课题负责人贺刚、延庆一中副校长宋立奎出席活动并分别致辞，首都体育学院《体育教学》编辑部主任李海燕、课题组成员白爽博士等参加了活动。

钟秉枢：智慧冬奥让冰雪更"聪明"

2022年2月18日，《经济日报》刊登首都体育学院教授钟秉枢的文章《智慧冬奥让冰雪更"聪明"》，讲解了智能技术在北京冬奥会中的运用。文章认为，从办赛、参赛到观赛，从用AI为运动员个性定制训练方案到场馆的环保制冰技术，智慧餐厅、加热座椅、比赛装备升级等，北京冬奥会用3D可视化、5G车联网打造可持续智慧场馆，运用冬奥会科学办赛关键技术、运动训练与比赛关键技术及公共安全保障关键技术体现"以运动员为中心"的理念，基于数字化"5G+4K""8K技术""8K+VR"等技术实现"云观赛""云包厢"场内场外共享精彩，使科技赋能北京冬奥会，让冰雪更"聪明"。

钟秉枢：智慧冬奥让冰雪更"聪明"

谢军：教育科研助力冬奥

2022 年 2 月 19 日，《光明日报》北京冬奥会特刊刊登了首都体育学院副院长谢军的文章《教育科研助力冬奥》，介绍了首都体育学院在服务冬奥、奥林匹克文化和冰雪运动价值观念传播及相关科研等方面的工作成果。谢军表示，首都体育学院就把服务冬奥当成学校头等重要的任务，围绕奥林匹克文化和冰雪运动的科研工作相继展开，目前相关研究课题既有社会科学方面，也有自然科学领域的探索和实践。其中一些科研项目成果，已经直接服务于冬奥文化推广工作中。同时，谢军团队还致力于向青少年推广普及冬奥会，编写冬奥会系列绘本，为青少年了解冬奥会和冰雪运动打开了一扇大门。

谢军强调，国运兴则体育兴。改革开放以来，伴随着生活水平的提高，民众对体育的认识越来越客观，体育也越来越多地走进大家的日常生活。建设体育强国，是全面建设社会主义现代化国家的一个重要目标，我国也正朝着这个目标不断迈进。

谢军：教育科研助力冬奥

冬奥会上首都体育学院的青春"智"造

首都体育学院副院长谢军作为"科技冬奥"重点专项"冰雪运动推广普及关键技术产品研发及示范"项目负责人接受《北京日报》的采访，介绍首都体育学院科技服务冬奥的相关情况。

冰雪运动推广普及关键技术产品研发及示范项目包括 5 个子课题，分别涉及冰场技术、仿真器材、科普平台、运动推广和科技与体育相互助力方向，灵活运用 5G、4K、VR 等现代技术手段传递冰雪运动带来的非凡体验。参与

这些项目的研发人员近两年来放弃寒暑假，克服疫情影响，瞄准国家需求，主动担当，默默奉献。他们心无旁骛，精益求精，用自己的智慧与创造，邀大家共赴冰雪之约，给未来注入温暖的浪漫。

近年来，首都体育学院"体医工"融合高精尖创新中心等科技创新平台建设取得良好进展，形成了科技创新与服务经济社会发展有机统一、自由探索和有组织科研统筹推进、人文社会科学与自然科学协调发展的创新布局，在聚人、育人、创新、服务等方面取得一系列成果，充分体现了学校科技创新和人才培养的使命担当，一个个项目的背后，体现的是首都体育学院科技创新在服务中谋发展的理念。

科技助力冬奥，首都体育学院在行动！未来，首都体育学院将继续发挥科研创新引领人才培养的作用，提高服务社会水平，成为体育科技创新人才高地，为建设"四个中心"提供有力支撑。

首都体育学院助力中国科技馆开展"科技冬奥"主题展

为充分发挥中国科技馆青少年冬奥科普教育基地功能，中国科技馆联合首都体育学院、北京理工大学等单位策划推出了"科技冬奥"主题展。

展览围绕 2022 年北京冬奥会和冬残奥会冰雪运动项目及科技成果运用，展现冰雪运动和冬奥会历史，解读冰雪运动原理，展示科技创新，助力北京办奥。

首都体育学院助力中国科技馆开展"科技冬奥"主题展

"数字沉浸时空仓"在北京冬奥村"北京小屋"开展应用示范

由首都体育学院王庆伟教授牵头主持的国家科技部重点研发计划——"科技冬奥"重点专项"冬奥会奥林匹克数字博物馆呈现与传播技术研究及应用示范"项目自主研发装配式集约化"数字沉浸时空仓"已完成了第二次迭代升级，并已完成"冬奥精神"主题沉浸式影片内容制作与调试，顺利在北京冬奥村"北京小屋"开展应用示范。

目前，项目团队已按照冬奥组委要求，完成赛时闭环内保障工作部署，包括配置备用线路、备用设备等，同时安排专业技术人员进入闭环实施设备维护与运维保障。

"数字沉浸时空仓"在北京冬奥村"北京小屋"开展应用示范

第六章

奥林匹克教育先行，助力北京"双奥之城"品牌塑造

　　从 2001 年北京申办夏季奥运会成功之时起，首都体育学院就勇担体育人的光荣使命，一直在国际奥林匹克教育研究推广方面积极开展工作。20 年来，首都体育学院奥林匹克教育研究推广的脚步从未停歇，并在 2022 年北京冬奥会期间，与时俱进地注入了新的内容，焕发出新的活力。首都体育学院以筹建"北京国际奥林匹克学院"为契机，积极发挥国际奥林匹克教育研究推广的"国家队"作用，大力普及奥林匹克知识，推广奥林匹克运动，传播奥林匹克文化和精神，推动学校体育和大众体育科学发展，全面开启了塑造"双奥之城"奥林匹克教育国际品牌的新征程。深入开展奥林匹克教育研究推广。首都体育学院与北京出版集团共同承担《北京 2022 年冬奥会和冬残奥会官方报告》编写工作，主持"北京 2022 年冬奥会和冬残奥会遗产助力国家发展战略研究"国家社科重大项目研究，全面挖掘与继承冬奥遗产。将全球唯一的奥林匹克教育博物馆定期向公众开放，宣传普及奥林匹克知识，累计接待参观者万余人。首都体育学院充分利用冬奥文化教育资源建成"冬奥驿站""奥运书屋"免费面向社会开放，致力于打造宣传奥林匹克精神、弘扬奥林匹克文化的冬奥工作站、服务站和科普宣传站。组建奥林匹克教育团队，开设系列课程，研发系列教材和读本 30 余册，利用云课堂、智慧教育等先进技术构建多元化奥林匹克教育推广新模式。深化奥林匹克教育校园推广，开展师资培训千余场，推进奥林匹克教育示范校和冰雪示范校开展活动近千场，受众达 10 余万人。

携手共迎北京冬奥　北京冬奥会倒计时 300 天

"大手拉小手"北京市中小学生模拟冬奥会冰上展示活动暨首都体育学院冬奥驿站揭幕

　　为全面提升北京冬奥会在青少年中的影响力，普及和推广冰雪运动项目，培养青少年冰雪运动兴趣，提高青少年冰雪运动技能，为 2022 年北京冬奥会烘托活动氛围，在北京冬奥会倒计时 300 天的重要历史时刻，由北京市教委主办，北京冬奥组委、北京市奥促会支持，首都体育学院与陈经纶中学联合举办的"携手共迎北京冬奥"——北京冬奥会倒计时 300 天暨"大手拉小手"北京市中小学生模拟冬奥会冰上展示活动于 2021 年 4 月 10 日上午在首都体育学院滑冰馆隆重举行。教育部体卫艺司、北京冬奥组委新闻宣传部、国家体育总局、北京市教委、北京市体育局、朝阳区政府等有关部门领导出席了活动。首都体育学院领导及师生代表、陈经纶中学各校区分管领导和学校师生、媒体代表共计 300 多人参加模拟冬奥会冰上展示活动。

　　首都体育学院副院长陈作松主持开幕仪式。教育部体卫艺司一级巡视员郝风林、首都体育学院党委书记何明、北京市陈经纶中学党总支书记张德庆、世界冠军李妮娜等领导和嘉宾在开幕式上致辞。

　　经过精心准备，首都体育学院和陈经纶中学的师生们为大家带来了《冬奥阳光》《体育颂》《冰嬉》等精彩纷呈的冰上展示节目，两校冰球队还进行了精彩的冰球比赛，展示了近年来北京市大中小学推广普及冰雪运动的成果。

　　冰上展示结束后，首都体育学院与陈经纶中学进行了简短的合作共育冰雪人才签约仪

"大手拉小手"北京市中小学生模拟冬奥会冰上展示活动（1）

"大手拉小手"北京市中小学生模拟冬奥会冰上展示活动（2）

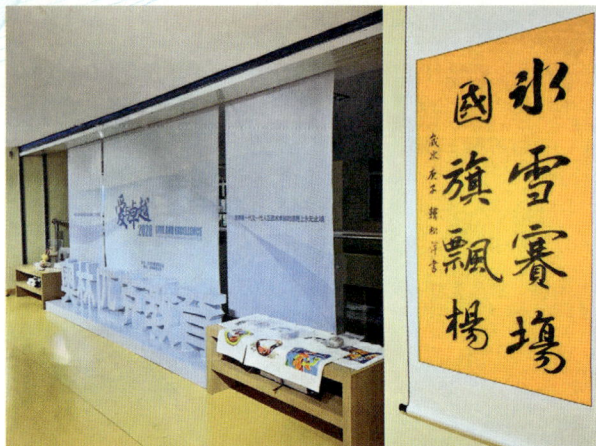

"大手拉小手"北京市中小学生模拟冬奥会冰上展示活动（3）

式。两校将通过"大手拉小手"的深入交流合作，探索高校与中小学在冰雪体育运动中合作新途径，为高水平冰雪运动人才的培养以及冰雪运动在中小学中的推广普及作出了有益尝试。

签约仪式后，举行了首都体育学院冬奥驿站揭幕活动。

作为北京市教委奥林匹克教育文化活动重点项目，"冬奥驿站"在北京市教委的大力支持下，在北京冬奥组委新闻宣传部的指导帮助下，经过3个多月的紧张筹备正式向公众开放。"冬奥驿站"以宣传奥林匹克精神，弘扬奥林匹克文化为主线，采用多媒体技术手段，用实物与图片相结合的呈现形式，全面介绍冬奥会筹办与冰雪运动相关知识。与会领导出席了驿站揭牌仪式，并在驿站实地聆听了首都体育学院茹秀英教授现场直播的奥林匹克教育互动教室的示范课程。活动最后，首都体育学院与陈经纶中学共同带来了舞龙舞狮、太极扇、弹力青春、花球啦啦操等特色展演。

本次活动的召开恰逢北京冬奥会开幕倒计时300天之际，具有极其重要的意义。北京冬奥会和冬残奥会的筹备工作进入到最为关键的时刻，各项工作都已经进入紧张的测试阶段，北京市教委积极推动奥林匹克教育与冰雪进校园工作，推广普及奥林匹克与冰雪运动知识，极大地促进了青少年上冰雪的热情，为2022年北京冬奥会筹备工作营造了良好的氛围。

"冲刺！2022"喜迎冬奥倒计时100天

"一起向未来——中国奥林匹克教育历程展"在北京大学生体育馆举行

2021年10月24—27日，为迎接北京2022年冬奥会倒计时100天，由首都体育学院（北京国际奥林匹克学院）主办，北京2022年冬奥会和冬残奥会组织委员会、北京市教育委员会、中国收藏家协会协办的"一起向未来——中国奥林匹克教育历程展"在北京大学生体育馆举行。

本次展览是国内首次通过丰富的实物、精美的图片及翔实的文献形式对奥林匹克教育发展历程进行全面梳理和展示，深挖奥林匹克教育对奥林匹克运动发展的核心意义。

展览分为五个部分：一是"初探"，展现1900—1978年中国早期参加奥林匹克运动的历史，探索奥林匹克教育方式的路径；二是"重燃"，1979年中国重返奥林匹克大家庭是中国体育和奥林匹克教育腾飞发展的起点；三是

"创建"，通过北京奥运会形成具有中国特色、结构和内容都较为完整的奥林匹克教育"北京模式"；四是"创新"，在北京冬奥会期间，中国以北京和河北的奥运赛场为中心，以带动3亿人参与冰雪运动为目标，在全国范围内逐渐形成了奥林匹克教育"中国模式"；五是"传承"，介绍了北京作为首个"双奥之城"呈现给国际奥林匹克运动的重要人文遗产——北京国际奥林匹克学院的建设方案。

展览还通过珍贵的体育藏品，见证了中国奥林匹克教育事业从无到有并不断发展壮大的历程。中小学生精美的冬奥主题艺术作品也反映了青少年"一起向未来"盼望冬奥圆满成功的心愿。此次展览通过线上、线下结合的方式在首都青少年和体育专业院校群体中引起了极大反响，也让更多人理解了"卓越、尊重、友

"一起向未来——中国奥林匹克教育历程展"在北京大学生体育馆举行（1）

"一起向未来——中国奥林匹克教育历程展"在北京大学生体育馆举行（2）

谊"奥林匹克精神的真正内涵，大大激发了大众的体育运动兴趣，培养了人民群众拼搏进取、团结协作的体育精神，实现了奥林匹克精神的共享。

利刃出鞘，"冬奥校园行——冠军公益课堂"开课

2021年12月16日，"冬奥校园行——冠军公益课堂"系列主题活动第二期活动在首都体育学院开展，奥林匹克教育专家、首都体育学院教授茹秀英，短道速滑的世界杯冠军、首都体育学院教师刘秋宏为来自江苏省镇江第一外国语学校、江西省井冈山毛泽东红军学校、河北省衡水故城县郑口第四小学、成都市天涯石小学和辽宁省沈阳市勋望小学建农分校的同学们讲述了精彩的奥林匹克中国故事。

携手迎冬奥，一起向未来。"冬奥校园行——冠军公益课堂"通过线上直播的方式，让更多的师生关注和参与到冰雪项目中，践行共享办奥理念，在大众特别是青少年心中点燃冬奥精神的火种，为营造良好冬奥氛围贡献青春力量，助力"三亿人参与冰雪运动"从愿景走向现实。

利刃出鞘，"冬奥校园行——冠军公益课堂"开课

北京市首家奥运书屋在首都体育学院揭牌

2022年1月5日，由首都图书馆和首都体育学院共同建立的奥运书屋正式揭牌，并面向社会公众开放。首都体育学院副院长陈作松，北京市文化和旅游局党组成员、副局长、一级巡视员庞微，北京冬奥组委新闻宣传部教育和公众参与处处长孙斌，北京市文化和旅游局公共服务处处长刘贵民，北京市教委体卫艺处副处长陈晓莉，首都图书馆馆长毛雅君等领导出席了揭牌活动。

奥运书屋现藏体育主题中文图书两千余册和近千种外文奥运主题书籍，还容纳三百万余册的电子书、五十万余集的有声书、上万种数字期刊以及优质的数字资源，随时随地供读者阅览。

奥运书屋的建立将推动全民阅读推广服务模式的创新，致力于成为推动人民群众共享奥运的重要渠道，积极宣传奥运知识、弘扬奥运文化。

北京市首家奥运书屋在首都体育学院揭牌

和"冬奥值日生"李春治一起走进奥林匹克教育博物馆

在冬奥会倒计时 5 天之际，首都体育学院雪橇 NTO 团队雪橇项目国际裁判员李春治担任"冬奥值日生"带观众走进首都体育学院（北京国际奥林匹克学院）奥林匹克教育博物馆，介绍了奥运会发展历程，讲解了馆内展品，全面地向观众展示推荐了这座世界上唯一以教育为主题的奥林匹克博物馆。

和"冬奥值日生"李春治一起走进奥林匹克教育博物馆

奥运冠军进校园　榜样力量助成长

首都体育学院"冬奥校园行——冠军公益课堂"走进北京学校

2022 年 3 月 3 日下午，2022 年北京冬残奥会开幕前一天，在首都体育学院（北京国际奥林匹克学院）党委书记何明、院长张霞的积极倡导下，首都体育学院（北京国际奥林匹克学院）与北京冬奥组委新闻宣传部联合发起的"冬奥校园行——冠军公益课堂"系列主题活动再次启动。中国冬奥奖牌第一人、速度滑冰世界冠军叶乔波和首都体育学院（北京国际奥林匹克学院）奥林匹克研究中心主任茹秀英教授共同走进北京学校，用精彩的课堂讲述生动

首都体育学院"冬奥校园行——冠军公益课堂"走进北京学校

诠释奥林匹克精神。

"冬奥校园行——冠军公益课堂"活动旨在响应习近平总书记提出的北京冬奥会"带动三亿人参与冰雪运动"①的号召，通过冠军进校园、进课堂的方式，多角度展示奥林匹克精神，拉近奥林匹克运动与青少年学生的距离，以实际行动助力北京市中小学奥林匹克教育和冰雪运动开展。

奥运冠军与公益课堂的结合是奥运精神传递的有效载体，本次活动弘扬了顽强拼搏、积极进取的奥运精神，用榜样的力量助力青少年学生的培养。今后，首都体育学院（北京国际奥林匹克学院）将继续大力推动奥林匹克教育和冰雪运动发展，讲好奥林匹克中国故事，点燃青少年心中奥运精神的火种，为奥林匹克事业贡献首都体育学院力量。

①《推动中国冰雪运动跨越式发展——写在"带动三亿人参与冰雪运动"目标达成之际》，《人民日报》2022 年 1 月 13 日。

首都体育学院谢军副院长主编的书籍入选"阅读滋养心灵　感悟前行力量"活动推荐书目

为将"中宣部党员干部服务群众文明实践活动"深入社区居民心中，中宣部直属单位中国新闻出版传媒集团与潘家园街道新时代文明实践所联合推出了"阅读滋养心灵 感悟前行力量"活动。中国新闻出版传媒集团精心选择了20本以百年党史、冬奥会及科普等为主要内容的童书，推荐给孩子们。首都体育学院副院长谢军主编的《探秘北京冬奥会》《冬奥奇缘——遇见冰雪赛场和中国榜样》入选其中。

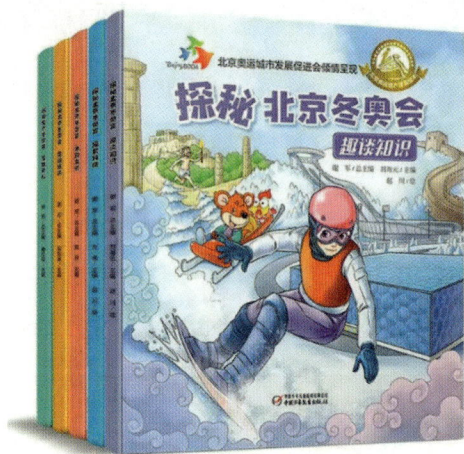

中国少年儿童新闻出版总社
谢军 总主编　刘海元等 主编

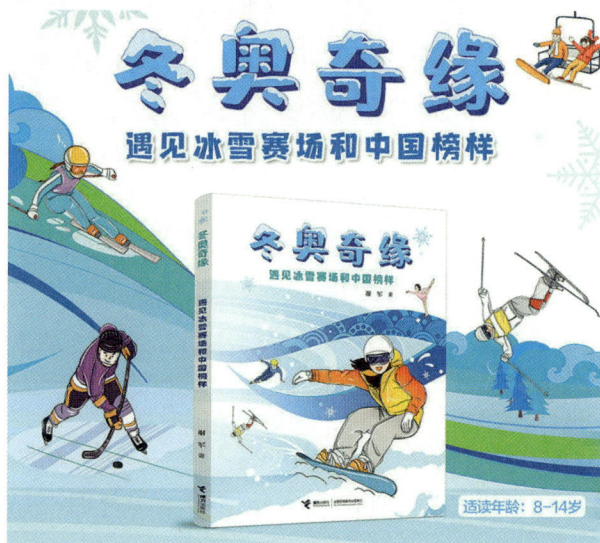

谢军副院长主编的书籍入选推荐书目

首都体育学院师生同上"圆梦冬奥会，一起向未来"大思政课

2022年5月4日下午，首都教育系统弘扬北京冬奥精神大思政课"圆梦冬奥会，一起向未来"在线上播出。此次思政课由中央财经大学教师冯秀军主讲，并由运动员、建设者、科研工作者、志愿者等群体代表共同讲述，阐释北京冬奥精神的发源与丰富内涵，激励广大青少年弘扬北京冬奥精神，担负起"请党放心，强国有我"的历史使命。首都体育学院学生工作部组织师生开展线上学习，并展开热烈讨论。

体育教育训练学院2021级学生张玥柏表示：在北京冬奥会和冬残奥会的赛场上，运动员们用勇气、拼搏和智慧挑战极限、挑战自我，展现了冰雪运动的竞技之美、精神之美、生命之美；而在赛场外，数万名志愿者竭尽所能，为参赛各方提供服务，在赛场外传递爱和温暖。正是每个赛场上耀眼的拼搏瞬间和每个场外默默付出的身影共同汇聚，铸就了这场"无与伦比"的冰雪盛会。

运动科学与健康学院2021级学生赵欣宇表示：青年向上，国家向前。从"90后"到"00后"，同为中国体育健儿的他们用优异的竞技成绩，在世界体坛上留下了闪耀的光辉。他们为梦想打拼，为国家和民族奋斗，向全世界展示了一个青春的民族、一个青春的国家。我们当代大学生在努力搞好学习的同时，要加强身体锻炼，用好的身体素质，为祖国建设事业做好充分准备。

武术与表演学院2019级学生王佳缘表示："我是一名冬奥开幕式志愿者，冬奥会给了我锻炼的机会和实践的舞台，我在奉献的同时，收获了精神上的愉悦与满足。"冬奥赛场上耀眼的不只是成绩，更有永不放弃的拼搏精神和超越自我的不懈追求。冬奥会上年轻选手热血拼搏，让人们看到了青春最美好的模样。作为一名大学生，我们更应该以中华民族的伟大复兴为己任，向他们学习，不忘初心，奋勇向前。

休闲与社会体育学院2020级学生郭雨琦表示：作为新一代中国青年、新时代的体育人和共产党员，我们更应胸怀理想，披荆斩棘，把"小我"融入"大我"，勇担重任，用自己的知识与智慧去建设伟大的祖国。我们要站在更远、更高、更大的舞台上，践行更快、更高、更强、更团结的奥林匹克精神。

管理与传播学院2020级学生闪雨晴表示：百年前，我们以青春讴歌未来，用热情与信念诠释年少风采；如今，我们用激情与梦想定义青春，展现着生命的旺盛。从天安门广场上"还我河山"的标语到航天飞行控制中心的"北京明白"，青春的内核从未改变：无畏的信念与蓬勃的活力！青春的美好源于这份热烈，祖辈父辈用生命保留的青春旗帜，正等待我们接过。民族的未来需要青春的力量，让我们用勇气照亮未来的路，让青春燃出最美的火焰。请党放心，强国有我！

以奥林匹克运动构筑中希友谊之桥

国际奥林匹克教育论坛顺利举行

2022 年 6 月 23 日，"以奥林匹克运动构筑中希友谊之桥"为主题的国际奥林匹克教育论坛在第 75 个"国际奥林匹克日"成功举行。中国奥委会副主席李颖川、希腊奥委会副主席斯特凡诺斯·卡达卡斯（Stefanos Chandakas）、希腊驻华大使乔治·伊利奥普洛斯（Georgios Iliopoulos）、国际奥林匹克学院（希腊）院长西多罗斯·科维洛斯（Isidoros Kouvelos）、首都体育学院（北京国际奥林匹克学院）院长张霞在开幕式上致辞，国际奥委会奥林匹克研究

中心主任玛丽亚·博格娜（Maria Bogner）在开幕式上致贺信，首都体育学院（北京国际奥林匹克学院）副院长陈作松主持开幕式。

论坛开幕式上，张霞和西多罗斯·科维洛斯共同签署了两校合作备忘录，两校将发挥各自优势，在基础建设、师生互访、科研合作、奥林匹克文化推广等方面进行合作交流，不断增进奥林匹克运动的学术交流与全球视野，共同携手展望更加美好的未来。

此次论坛邀请了中希两国奥林匹克学者和

国际奥林匹克教育论坛顺利举行（1）

专家，围绕奥林匹克教育展开对话，进一步挖掘奥林匹克发源地与全球首个"双奥"城市在奥林匹克教育方面的经验成果，推动奥林匹克教育全球化推广，分享交流奥林匹克运动推广的经验，共商国际奥林匹克教育高质量发展的新思路、新路径、新方法，共同推动全球奥林匹克教育创新，促进青少年身心健康。

国际奥林匹克学院狄俄尼索斯·冈贾斯（Dionyssis Gangas）教授、康斯坦丁诺斯·乔治亚迪斯（Konstantinos Georgiadis）教授，首都体育学院（北京国际奥林匹克学院）钟秉枢教授，国际高级专家拉兹洛·瓦伊达（Laszlo Vajda）、裴东光教授，北京2022年冬奥会和冬残奥会组织委员会总体策划部遗产管理处处长刘兴华，德勤中国副主席吴卫军，国际奥委

会文化与奥林匹克遗产委员会委员侯琨等嘉宾在论坛上进行了主题发言，内容包括《北京冬奥精神与奥林匹克文化》《奥林匹克主义及奥林匹克教育》《从个人视角看共建中希奥林匹克友谊之桥》《关于奥林匹克教育发展的思考》《古希腊平衡教育理念与奥林匹克教育的探讨》《从古奥林匹亚到北京——奥林匹克教育新思考》《帮助奥林匹克运动员实现成功的财务人生》《传承利用奥运遗产 促进体育文化国际交流》等，从不同角度解读了奥林匹克教育在中国和希腊的发展，首都体育学院（北京国际奥林匹克学院）茹秀英教授担任论坛的主持人。活动最后，访问过国际奥林匹克学院的北京体育大学任海教授以及首都体育学院韩勇教授、陈文倩副教授、王静副教授等中方学者也分享

国际奥林匹克教育论坛顺利举行（2）

了在希腊的学习经历和感受。

当今世界正处于百年未有之大变局，中国和希腊正进入两国发展的关键阶段，教育合作必将为中希关系在新时代的发展打下更加坚实的基础。2022年恰逢中希建交50周年，在此期间举办"以奥林匹克运动构筑中希友谊之桥——国际奥林匹克教育论坛"具有十分重要的意义，进一步促进了两国人民的理解和友谊，增强了人文教育领域的交流与合作。

2021年6月，中央机构编制委员会办公室批复同意首都体育学院加挂北京国际奥林匹克学院牌子，并在北京冬奥会倒计时50天之际正式揭牌向全球发布，北京国际奥林匹克学院成为世界上第三所由国家政府决定成立的国际奥林匹克学院，是北京冬奥会的第一个人文知识遗产，正式开启与首都体育学院资源共享、

国际奥林匹克教育论坛顺利举行（3）

相互支撑、并行发展的新篇章。此次论坛是北京国际奥林匹克学院成立以来的首个学术研讨活动。今后，学校全球唯一的奥林匹克教育博物馆、"冬奥驿站"、"奥运书屋"将继续向公众开放，宣传普及奥林匹克知识，致力于打造成为宣传奥林匹克精神、弘扬奥林匹克文化的工作站、服务站和宣传站。

首都体育学院（北京国际奥林匹克学院）及国际奥林匹克学院（希腊）基于此次合作签约，将以奥林匹克为核心加强人才交流和科研合作，加大与国际体育组织的交流，开展奥林匹克教育相关活动，继续提升首都体育学院国际化办学水平，深化北京国际奥林匹克学院的发展。

"聚焦北奥院"：讲好冬奥故事 宣传奥运文化

北京市中小学"冬奥小记者"集训营成功举办

2022 年 7 月 18—20 日，北京市中小学"冬奥小记者"集训营活动成功举办。本次活动由北京市教育委员会、北京市体育局、北京冬奥组委新闻宣传部、北京奥运城市发展促进中心主办，首都体育学院（北京国际奥林匹克学院）、北京中小学生奥林匹克教育办公室秘书处承办，中国语文报刊协会演讲与口才分会、《演讲与口才》杂志社、北京演讲与口才

学会协办，来自北京市 13 个区的 50 余名中小学生参与了本次活动，是冬奥会结束后，在疫情允许的条件下首都体育学院首次举办的推广北京冬奥精神、宣传奥林匹克文化的集训营活动。

2022 年 7 月 20 日下午，首都体育学院高级专家拉兹洛·瓦伊达（Laszlo Vajda），办公室副主任杜海松，北京演讲与口才学会党支部

北京市中小学"冬奥小记者"集训营成功举办（1）

北京市中小学"冬奥小记者"集训营成功举办（2）

书记、《演讲与口才》杂志社顾问许清林，中国青少年宫协会秘书长、中国语文报刊协会演讲与口才分会顾问张玉勋，北京演讲与口才学会少年儿童工作委员会主任、团中央中国少年儿童发展服务中心顾问王意，中国人民解放军艺术学院原处长、中国语文报刊协会演讲与口才分会常务副会长欧阳国仁，北京中小学生奥林匹克教育办公室秘书处教师梁芳、石伟东等参加了闭营仪式并与"冬奥小记者"互动交流。

在为期3天的活动中，首都体育学院（北京国际奥林匹克学院）教授、奥林匹克研究中

北京市中小学"冬奥小记者"集训营成功举办（3）

心主任茹秀英出席了开营仪式并作了题为"北京'双奥'荣耀中华 我做自信的中国娃"的专题报告，河北省冬奥会冬残奥会先进个人、学生工作部王荣波老师，北京市冬奥会冬残奥会先进个人、校团委商雪松老师以及参加过冬奥会服务的志愿者助教均与各位小记者进行了深入的交流和探讨。此外，还有专业讲师讲授新闻采访、解说、撰写、编辑技巧，为同学们提供了多元化的第二课堂，体验了皮划艇等户外运动。通过学习、采访和实践，同学们不仅开阔了视野，提升了语言表达和思考的能力，体会了"更快、更高、更强——更团结"的奥林匹克格言，更重要的是学习了北京冬奥会成功举办的意义和作用，是践行北京冬奥精神的一次深入体验。

活动结束后，同学们填写了调查问卷，纷纷表示在3天里收获颇丰，意犹未尽，愿意抓住身处北京这座世界独一无二的"双奥之城"的机遇，多多发掘身边的好人好事，讲好冬奥故事，做奥林匹克教育的学习者和践行者，将来争做服务社会的"媒体人"。

北京2022年冬奥会、冬残奥会的成功举办，不仅为世界奉献了一场简约、安全、精彩的冬奥盛会，也为我们留下了丰厚的冬奥遗产，北京国际奥林匹克学院就是冬奥遗产的重要组成部分。我们期待通过这一平台，进一步为奥林匹克精神和文化在中国特别是青少年的普及中发挥积极作用。首都体育学院（北京国际奥林匹克学院）未来将为同学们提供更多元化的锻炼机会和展示平台，继续致力于奥林匹克教育推广和实践，让更多的青少年参与、学习和受益。

立足"双奥"打造奥林匹克教育"北京样板"*

北京国际奥林匹克学院揭牌成立

2022 年 12 月 16 日，在北京冬奥会倒计时 50 天之际，北京国际奥林匹克学院在首都体育学院正式揭牌。自此，首都体育学院服务和保障冬奥会的教育阵地更加夯实，开发和传承"双奥之城"人文遗产的专业队伍更具权威，全球奥林匹克研究和交流合作也有了重要纽带。

未来，首都体育学院将持续推进北京国际奥林匹克学院建设，健全学院体制机制，开启北京国际奥林匹克学院与首都体育学院资源共享、相互支撑，开启并行发展的新篇章，以教育力量不断提升"双奥之城"国际影响力，打造奥林匹克教育"北京样板"。

冬奥契机
"奥林匹克学院"构想变为现实

2018 年 9 月，北京市政府向中国奥委会提出，并向国际奥委会正式提交申请，计划依托首都体育学院建设"北京国际奥林匹克学院"。2020 年 2

月，国际奥委会正式批复同意依托首都体育学院建设"北京国际奥林匹克学院"，并将其纳入全球奥林匹克研究机构。2021 年 6 月，中央编办批复同意首都体育学院加挂北京国际奥林匹克学院牌子；同年 12 月，北京国际奥林匹克学院揭牌，在 2022 年北京冬奥会开幕之际，

立足"双奥"打造奥林匹克教育"北京样板"

---

* 原文为何明所作《立足"双奥"打造奥林匹克教育"北京样板"》，载于《北京日报》2021 年 12 月 17 日。

成立"北京国际奥林匹克学院"的构想变为现实。北京国际奥林匹克学院成为世界上第三所由国家政府决定成立的国际奥林匹克学院。

北京国际奥林匹克学院的成立对于中国奥林匹克教育发展有着里程碑式意义。1900—1978年，中国开始参加奥林匹克运动，奥林匹克教育启动初探。1979年，中国重返奥林匹克大家庭，中国体育和奥林匹克教育开始积累经验，快速发展，并通过北京奥运会形成了具有中国特色、结构和内容都较为完整的奥林匹克教育"北京模式"。北京冬奥会的筹备和举办，让全国奥林匹克教育有了创新性发展，中国以北京和河北的奥运赛场为中心，以"带动三亿人参与冰雪运动"为目标，在全国范围内逐渐形成了奥林匹克教育"中国模式"。

这些经验沉淀，最终凝聚成北京作为首个"双奥之城"呈现给国际奥林匹克运动的重要人文遗产——北京国际奥林匹克学院。

北京国际奥林匹克学院是传承，也面向未来。学院标识以最能代表北京地域文化的京剧为灵感，选取了京剧脸谱的形象加以抽象提炼，同时两侧曲线轮廓如同两只展翅的和平鸽守护着中间的圣火，圆形优雅美观，富于韵律感，通过融入奥运五环的配色以及圣火形象，既有中国特色，又体现奥林匹克精神。作为"双奥之城"的重要遗产，北京国际奥林匹克学院将建设成为全球奥林匹克研究和交流合作的重要纽带，全球运动员、教练员、体育管理者学习交流向往目的地，国际奥林匹克文化与教育传播的平台，全球领先的奥林匹克运动科技创新中心以及引领奥林匹克教育事业可持续发展的新高地。首都体育学院将积极创建中华体育精神和奥林匹克精神融合发展的世界一流奥林匹克学院。

据了解，揭牌后，北京国际奥林匹克学院将与首都体育学院资源共享、相互支撑，开启并行发展的新篇章。按照"高水平、小而精、国际化、服务型"的办学定位，北京国际奥林匹克学院将承担普及奥林匹克知识，推广奥林匹克运动，传播奥林匹克文化和精神，开展奥林匹克教育、研究、人才培养和国际交流合作等活动，充分发挥"国际奥林匹克教育研究推广的国家队""体育强国和健康中国战略实施的主力军""体育科技创新的排头兵"以及"首都国际交往中心重要舞台"作用。

目前，北京市委市政府已将建设北京国际奥林匹克学院列入《北京市国民经济和社会发展第十四个五年规划和二〇三五年远景目标纲要》，加快推进延庆新校区建设，为北京国际奥林匹克学院未来发展提供保障。

服务冬奥
发挥教育力量为冬奥"筑基加瓦"

2015年冬奥会申办成功以来，首都体育学院就把服务和保障冬奥会筹办举办作为首要政治任务，"主动对接、积极作为、不计代价、全力以赴"，举全校之力做好各项工作。

作为首批北京2022年冬奥会和冬残奥会培训基地，首都体育学院积极发挥优质师资资源和场地专业优势，主动承担冬奥组委、中国滑冰协会等单位冬奥系列专题培训，包括多期雪车、雪橇、越野滑雪等项目国内NTO培训，制冷浇冰专业技术人才示范培训等30余场。目前，冬奥组委全要素体育展示测试服务及相关彩排演练工作在学校全面展开，已承担冬奥会彩排演练相关任务百余场次、近两万人次。

首都体育学院多领域、多阵地开展奥林匹克教育研究推广。学校与北京出版集团共同承担《北京 2022 年冬奥会和冬残奥会官方报告》编写工作，主持"北京 2022 年冬奥会和冬残奥会遗产助力国家发展战略研究"国家社科重大项目研究。学校奥林匹克教育博物馆完成改扩建，定期面向中小学和社区开放，宣传普及奥林匹克知识，累计接待参观者万余人，与首都图书馆联合创办的"奥运书屋"已向社会公众开放，并组建了专业化奥林匹克教育团队，开设系列课程，研发系列教材和知识读本 30 余册，积极利用云课堂、智慧教育等先进技术构建多元化奥林匹克教育推广新模式。此外，为了在青少年群体中厚植冬奥土壤，首都体育学院开展师资培训千余场，推进北京 200 所奥林匹克教育示范校和 200 所冰雪示范校开展活动近千场、受众 10 余万人，进一步扩大奥林匹克教育校园推广。

首都体育学院还大力推动体育科技创新，坚持面向世界体育科学技术前沿、面向国家重大战略需求、面向体育和健康事业主战场，搭建全国首个"体医工融合高精尖创新中心"，在体育人工智能大数据、运动促进健康关键技术等 10 个方向开展科技攻关，着力打造"体医工"融合发展创新模式，在全国体育科技创新中发挥引领示范作用，为首都国际科技创新中心、数字经济标杆城市、国际消费中心城市建设做出独特贡献。学校"冬奥会、冬残奥会冰雪项目科技服务团队""身体运动功能训练团队""心理服务团队"等特色科研团队，为钢架雪车、雪上技巧、自由式滑雪、单板滑

雪、冬残奥越野滑雪、冬季两项和轮椅冰壶等多个国家队和冬奥会项目开展科技攻关服务。近几年来，学校牵头承担多项国家重点研发计划项目，《冬奥会奥林匹克数字博物馆呈现与传播技术研究及应用示范》《冰雪运动推广普及关键技术产品研发及示范》《全民健身信息服务平台关键技术的研究》等全面展开，目前正在开展的"北斗＋冬奥"科技应用示范项目，已在国家高山滑雪中心建成并将直接服务国家队运动训练和冬奥赛事。据悉，这是北斗技术首次在全国体育领域的应用场景，未来将在更大范围内推广普及北斗技术，在北京市乃至全国起到引领示范作用。

逐梦冰雪
大力推动冰雪运动"全民化"

2022 年北京冬奥会是一场竞技体育的盛会，也带着中国"三亿人参与冰雪运动"的美好梦想。首都体育学院通过实施冰雪运动人才培养工程、推动青少年冰上运动项目普及、积极筹建冰雪运动科学研究中心等措施，大力推动冰雪运动全民化，助力愿景变现实。

自 2017 年起，首都体育学院紧密结合北京冬奥会和冬残奥会及冬季项目普及推广对冰雪专业人才所需，全面开展冰雪运动人才培养。成立冰雪运动学院，建成"首都体育学院滑冰馆"（两个标准奥运冰球场），引进冬奥会冠军、运动健将等冰雪师资 8 名，在体育教育、运动训练、运动人体科学、运动康复、社会体育指导与管理、体育新闻等专业开设冰雪运动方向，到 2022 年北京冬奥会和冬残奥会举办期间，累计培养冰雪专业方向在校生及毕

业生近 1000 名。

奥林匹克教育校园推广实践推陈出新。首都体育学院因地制宜开展"冰雪运动旱地化"活动实践，成功承办全国中小学生越野滑轮锦标赛，推动青少年冰上运动项目普及。其中，首都体育学院滑冰馆于 2020 年 5 月建成。近年来，首都体育学院滑冰馆一方面支撑保障学校在校生教学训练，另一方面服务北京市中小学开展冰上训练活动，助推"带动三亿人参与冰雪运动"目标。目前，北京市 101 中学、中关村二小、陈经纶学校、朝阳实验小学、北京舞蹈学院附中等 7 所中小学的冰上项目学校代表队在滑冰馆进行训练；交大附中、中关村四小等 5 所学校的课后冰雪体验课在滑冰馆开展；中国花样滑冰协会青年冰舞队长期在滑冰馆训练。学校滑冰馆还利用课余时间向社会开放，针对中小学生开展冰上项目培训，累计培训 3 万余人次。

首都体育学院充分利用学校冬奥文化教育资源建成"首都体育学院冬奥驿站"并面向公众免费开放。冬奥驿站文化教育相关活动已纳入市教委整体安排，2021 年共组织沙龙、宣讲、直播课等活动近 20 次，接待参观者 3000 余人次。学院还举办了"燃冰逐梦"主题巡展，编写出版《冬奥奇缘》《探秘冬奥会》等 6 本 / 套科普教材和绘本，制作 16 部冬奥运动项目动漫科普视频，举办"奥林匹克教育进校园论坛"，开设"冬奥课堂"系列直播课，在中国网推出在线科技冬奥教育专版，推动冬奥科普教育辐射更广泛的人群，带动冰雪运动文化更广泛传播。

充分利用首都国际大都市的独特地位和优势，以及筹办冬奥赛事的冰雪运动场地资源优势，瞄准国家工程研究中心建设目标，首都体育学院正谋划建设冰雪运动科学研究中心，围绕冰雪运动科学问题和尖端技术，开展冰雪运动科技攻关和竞赛服务工作。研究中心计划针对冰雪项目运动分析、体能训练、营养恢复、损伤预防及康复、紧急救护、智能场馆、冰雪装备等方面策划开展创新性研究，填补我国冰雪研究领域的空白，打通"产—学—研—用"全链条，促进高精尖成果转化应用，为后冬奥时代我国冰雪运动普及和冰雪产业升级提供强劲动力和支撑。

结语

冬奥会期间，首都体育学院（北京国际奥林匹克学院）全体干部师生以跑秒计时的状态、压线冲刺的干劲，全力以赴服务保障冬奥会。800 余名师生参与冬奥会竞赛组织及执裁、国家队服务保障、新闻转播、冬奥宣讲、冰雪运动普及、赛会志愿服务等工作。首都体育学院将坚决贯彻习近平总书记关于北京冬奥会筹办系列重要指示批示精神，积极响应市委市政府号召，勇担新时代体育人的光荣使命，加快推进北京国际奥林匹克学院建设，在直接参与冬奥筹办、传承"冬奥遗产"、挖掘奥运资源、推广奥林匹克教育和普及冰雪运动等方面作出更大贡献，以实际行动助力"体育强市"和"健康北京"建设，塑造北京"双奥之城"国际品牌。

第七章

冰雪运动普及推广，
助力"三亿人上冰雪"目标实现

《"带动三亿人参与冰雪运动"实施纲要（2018—2022 年）》中提出，大力推广普及群众性冰雪运动，助力建设"健康中国"，奋力实现"带动三亿人参与冰雪运动"目标。学校切实发挥"健康中国""体育强国"国家战略实施的主力军作用，持续开展冰雪运动普及推广。紧密结合北京冬奥会和冬残奥会及冬季项目普及推广对冰雪专业人才所需，实施冰雪运动人才培养工程，成立冰雪运动学院，增设冰雪运动专业，引进冬奥会冠军、运动健将等冰雪师资 8 名，在体育教育、运动训练、运动人体科学、运动康复、社会体育指导与管理、体育新闻等专业开设冰雪运动方向，已为国家及北京市培养冰雪专业方向学生近千人。首都体育学院建成滑冰馆后，全面服务北京市中小学开展冰上训练活动，目前共 7 所中小学的冰上项目学校代表队在首都体育学院滑冰馆进行训练，5 所学校的课后冰雪体验课在首都体育学院滑冰馆开展，中国花样滑冰协会青年冰舞队长期在首都体育学院滑冰馆训练。首都体育学院滑冰馆利用课余时间向社会开放，针对中小学生开展冰上项目培训，累计培训 3 万余人次。开展冰雪进校园活动，打造冬季运动科普资源。面向北京市中小学组织冰雪进校园、冰雪嘉年华、模拟冬奥会、奥林匹克冬令营、奥林匹克艺术作品展等丰富多彩的体验活动，积极打造冬奥教育"文化·情境"的育人模式。

首都体育学院滑冰馆服务冬奥备战，助力冰雪运动普及

首都体育学院是首批"北京 2022 年冬奥会和冬残奥会培训基地"之一，在造雪、压雪、制冰、浇冰和场地维护专业高级管理人员培训等方面做了大量工作。首都体育学院气膜滑冰馆投入使用后，北京冬奥会各级各类人才培养、冰雪运动推动普及和教学科研训练提质加速，社会服务贡献力突出。

气膜滑冰馆的 2 个 1800 平方米奥林匹克标准级冰球场

2020 年 5 月，学校气膜滑冰馆建成。工程采用装配式气膜结构，总建筑面积 7010 平方米，建筑高度 18.1 米，建有 2 个 1800 平方米的奥林匹克标准级冰球场，是北京首个装配式直冷冰场。同年 5 月 22 日，《北京日报》客户端、

首都体育学院滑冰馆服务冬奥备战（1）

首都体育学院滑冰馆服务冬奥备战（2）

《北京晚报》对气膜滑冰馆进行了报道。

对106人直接开展冬奥人才培训

2020年9月，首都体育学院气膜滑冰馆正式运行。在北京冬奥会倒计时500天前夕，由北京冬奥组委人力资源部和北京市人力资源和社会保障局联合主办，首都体育学院承办的"北京冬奥会制冷浇冰专业技术人才培训"圆满结束，来自北京冬奥组委冰上项目场馆业主单位的75名制冷浇冰专业技术人才完成了为期4天的培训。北京酷佩体育文化中心组织10名员工参加培训并顺利完成培训任务，获得制冰师结业证书，提升了学校冰场维护与制冰工作的能力水平。

同年10月，北京酷佩体育文化中心代表学校与中国滑冰协会签署"植根计划合作协议"，共同举办了为期3天的"2020年中国滑冰协会滑冰指导员技能等级培训考核培训"，31名学员通过初级滑冰指导员考核。学员全部为学校学生，从滑冰相关理论和实践教学以及冰上教学与训练方法等方面由浅入深地进行了学习和实践。这项培训进一步优化了北京市滑冰指导员队伍结构，增加了滑冰专业指导人才储备。首都体育学院党委副书记王尚忠，中国滑冰协会主席、中国奥委会委员李琰出席了结业仪式。

推动青少年冰雪运动开展约3200人次

为更好推动发展中国青少年冰上运动，响应"三亿人上冰雪"号召，北京酷佩体育文化中心积极与周边中小学、冰球协会和俱乐部联系，有序组织校外培训单位和机构入馆训练，先后与中关村第二小学、北京市101中学、华熙银河冰球队、北奥巨星俱乐部建立合作关系，为各单位提供专业训练平台，其训练项目涵盖有冰球、短道速滑、花样滑冰等，让更多青少年感受在首都体育学院气膜滑冰馆的上冰体验和氛围，自2020年10月中旬至2020年12月中旬，共接待约3200人次的冰上训练。

为做好疫情防控期间场馆向社会开放的安全保障，实行区域式封闭管理，北京酷佩体育文化中心与校保卫部紧密配合，共同协调部署日常出入人员管理方案，安排专人负责人员接送、体温测量、北京健康宝确认等防疫工作，同时制定相应的安全预案和应急预案，确保学校防疫工作没有漏洞，校外人员冰上训练安全有序进行。

保障教学1044课时、参与16126人次

作为首都体育学院场馆，首要任务就是要保障学校的教学、训练和科研工作。自开学以

来，气膜滑冰馆的教学课，教学人数 11529 人，课余活动 4597 人次，在保证教学课使用场地以外，承接学校团委冰雪轮滑社团、教工滑冰社团、校冰球队、武术与表演学院冰舞训练、休闲与社会体育学院元旦晚会等各项活动，满足了学校各部门的场地使用需求。

为做好场馆运行前的准备工作，北京酷佩体育文化中心成立气膜滑冰馆工作小组，从设备维护、教学服务、市场运营等多个方面做好开馆前的各项准备工作。购置更衣柜、鞋架，配备长条凳、桌椅，布置器材室，所有鞋具、护具、头盔上架摆放整齐。完善场馆内标识，按照场馆使用需求划分使用功能，明确房间的用途，张贴门标，摆放安全警示牌，在场地内张贴安全滑行标识。同时对气膜滑冰馆整个区域的环境进行大扫除，安排专人负责日常消毒清洁，保证教学环境整洁舒适。

助力冬奥：首都体育学院成立冰雪运动学院，全力服务北京冬奥会

2021 年 5 月 13 日上午，首都体育学院冰雪运动学院成立仪式隆重举行。教育部体卫艺司一级巡视员郝风林，北京冬奥组委可持续发展委员会副主任、北京冬奥组委体育顾问赵英刚，北京 2022 年冬奥组委特聘专中国滑冰协会主席李琰，中国花样滑冰协会主席申雪，北京市体育局副局长孟强华，哈尔滨体育学院党委书记兰景力，北京体育大学副校长高峰，上海体育学院党委副书记杨玲，武汉体育学院副校长王志强，天津体育学院副校长张欣，河北体育学院副校长王志辉，北京市滑雪协会主席李晓鸣，北控集团总经

首都体育学院成立冰雪运动学院（1）

首都体育学院成立冰雪运动学院（2）

理助理、置业集团董事长张文华，中国冰球学院院长王春露，首都体育学院党委书记何明等领导出席。

北京冬奥会申办成功以来，首都体育学院主动服务体育强国建设和国家、北京市经济社会文化发展大局，从学校创建中华体育精神和奥林匹克精神融合发展的世界一流体育大学战略实际出发，深入贯彻落实习近平总书记对于北京冬奥会和冬残奥会筹办工作的重要指示精神，积极回应冬季体育改革发展的重大需求，抢抓机遇，乘势而为，在北京市教委大力支持下，2017年在相关不同专业分别增设7个冰雪运动方向，先后引进王金英、刘秋宏、满丹丹、陈丹、隋宝库、李雨、胡江、安秋等世界

冠军、国际健将、国际裁判员担任冰雪运动教师，建立冰雪运动冠军教学团队，为冰雪人才培养奠定了坚实的基础。2021年，首都体育学院决定成立首都体育学院冰雪运动学院，围绕2022年北京冬奥会筹备需求，进一步凝练整合资源，为后冬奥冰雪运动发展和冰雪人才培养提供创新和实践平台。冰雪运动学院以本科教学为主、逐步发展研究生培养，突出冰雪专业教学、训练、竞赛、科研与社会服务五位一体办学定位，完善冰雪相关的课程体系，逐步拓宽专业方向，力争快速建设成我国冰雪教学科研、训练、竞赛、理论科技的研究中心。

教育部体卫艺司一级巡视员郝风林在致辞中表示，希望首都体育学院以成立冰雪运动学

院为契机，进一步凝练整合资源，发挥体育院校特色，为冬季运动普及推广、竞技水平提升以及冬奥会的成功举办提供强有力的人才和智力支持。积极为北京冬奥会营造浓厚的教育氛围，带动提高全国高校冰雪运动的普及程度和竞技水平，助力实现"带动三亿人参与冰雪运动"目标，为举办一届"精彩、非凡、卓越"的奥运盛会增光添彩。

首都体育学院党委书记何明在致辞中表示，学校始终以发展体育、服务社会为己任，积极参与奥运会等重大体育赛事、重大外事活动、市区两级体育比赛等科技攻关与志愿服务。坚持"高水平、小而精、国际化、服务型"的办学定位，突出"体育教育、奥林匹克教育、体育人工智能、体医融合、文化与新闻传播、冰雪运动"六大办学特色，实施"体医工"融合发展战略，大力推进"高水平特色型"大学建设。面向世界科学技术前沿，面向国家重大战略需求，面向体育和健康事业主战场，充分发挥学校"国际奥林匹克教育研究推广的国家队""体育强国战略和健康中国战略实施的主力军""体育科技创新的排头兵"作用。在冬奥会筹备进入冲刺阶段，成立首都体育学院冰雪运动学院意义深刻，首都体育学院将进一步强化资源建设，全面参与服务冬奥筹办的各项工作，努力在弘扬和培育奥林匹克精

神、培养和输送冰雪运动专业人才、保障赛事服务、科技助力冬奥、传承与转化冬奥遗产等方面作出应有的贡献。

郝风林等领导和嘉宾共同为冰雪运动学院揭牌，并举行了冰雪运动学院名誉专家聘任仪式。世界反兴奋剂机构副主席、北京冬奥会和冬残奥会运动员委员会主席、全国政协委员杨扬及国外友好院校发来祝贺视频。

成立仪式结束后，还举行了冰雪运动发展论坛，嘉宾们围绕北京冬奥会推动新发展、冰雪运动专业学科建设与人才培养等主题进行了深入探讨和交流。

北京体育大学、上海体育学院、武汉体育学院、天津体育学院、哈尔滨体育学院、河北体育学院、芬兰卡萨卡里奥学院、北控集团、太舞滑雪度假小镇、莲花山滑雪场、渔阳滑雪场、北京远景浩泰体育发展有限公司、北京雪伊兰体育发展有限公司、北京艾尔豪斯膜式技术有限公司等兄弟院校、相关合作单位的领导、负责人出席会议。首都体育学院处级干部、冰雪运动学院全体教师、相关专业冰雪方向的学生及部分研究生代表近200人参加活动。人民网、新华网、中央电视台、《中国教育报》、中国教育电视台、《北京日报》、北京电视台、《中国体育报》等媒体对活动进行了报道。

首都体育学院冰雪运动学院获滑冰"体教融合·植根计划"实验基地授牌

2021年7月16—17日，首都体育学院冰雪运动学院副院长朱永国赴济南参加由人民教育出版社举办的带动三亿人参与冰雪运动"青少年冰雪运动丛书"推介会暨实验基地授牌仪式。中国滑冰协会主席、中国奥委会委员、亚洲滑冰联盟副主席、中国冰雪运动推广大使、丛书总主编李琰，中国教育出版传媒集团公司党委副书记、总经理殷忠民，人民教育出版社党委常务副书记王志刚，人民教育出版社副总编辑张廷凯，以及各地出版集团、协会等领导和专家出席。

为进一步深化体教融合，切实增加青少年参与冰雪运动的广度和厚度，推介会上进行了滑冰"体教融合·植根计划"实验基地授牌仪式，授牌单位分别为首都体育学院冰雪运动学院、四川体育职业学院冬季运动管理中心、辽宁省冰雪运动协会、宁夏轮滑滑冰协会、哈尔滨体育学院冬季奥林匹克学院、承德市冰上运动中心和八达岭国际会展中心梦起源滑冰馆。

授牌后，学校将以"体教融合·植根计划"实验基地为抓手，积极组织冰雪运动教学训练、培训、比赛、运动技能等级评定等相关工作，夯实滑冰运动青少年基础，增强青少年体质，共同助力教育强国、体育强国、健康中国建设。

架起科普之桥，感受冰雪魅力

首都体育学院科技冬奥课题组开展对我国青少年冰雪科普教育与推广现状调研

少年强则中国强，体育强则中国强。在北京2022年冬奥会和冬残奥会这一举世瞩目的奥林匹克冰雪盛会开始前夕，为助力实现"带动三亿人参与冰雪运动"的庄严承诺，首都体育学院科研工作者持续关注冰雪科普教育与推广事业发展。

由首都体育学院副院长、北京师范大学兼职教授谢军，首都体育学院研究生孔哲等组成的课题组在国家社科基金重大委托项目"北京2022年冬奥会和冬残奥会遗产助力国家发展战略研究"及国家科技重点研发项目"科技冬奥"的研究中开展对我国青少年冰雪科普教育与推广现状调研。

研究以科技体育相融合的视角聚焦青少年冰雪科普体系创新发展，系统梳理了北京市中小学冰雪科普教育活动、冰雪科普教育读物及冰雪科普平台等方面的发展情况，进而提出了冰雪科普持续发展的未来之策。

149

陈岐岳副教授应邀加入央视《冰雪梦想团》担任嘉宾

北京冬奥会正如火如荼地进行着，央视少儿和奥林匹克频道联合推出的大型迎冬奥青少年冰雪主题综艺节目《冰雪梦想团》吸引了众多孩子和家长的关注。在2022年春节期间，这档体育与艺术和文化完美融合的节目，成为"冬奥大餐"中的别样风味。首都体育学院陈岐岳老师应邀加入担任点评嘉宾，为节目现场增色不少。

《冰雪梦想团》邀请了来自全国各地的18支冰雪少年队伍与冰雪运动冠军欢聚一堂，以花样滑冰运动为主要表现形式，在每一期不同的主题设定下，讲好中国故事，展现传统文化魅力，沉浸式地展示队列滑、双人滑、单人滑的花滑技巧，传承冰雪梦想，传播奥林匹克精神。节目以普及度较广、艺术表现力较强、表演欣赏性较高的花样滑冰为呈现载体，以主题式、视觉性的创新手段来倡导青少年积极参与丰富多彩的冰雪运动，体教融合，带动广大青少年参与冰雪运动，共筑"三亿人的冰雪梦"，舞动冰雪梦，携手向未来，为2022年北京冬奥会升温和加油。

节目邀请到了奥运冠军、世界冠军、国际裁判员为花滑小将们提供专业指导，照亮孩子们的奥运梦。更有导演组精挑细选的解说名家、高校专家、舞蹈名家和文化学者等组成的"高能"解说评论团现场助阵，他们各显专业特长，多维度评鉴舞台表演，让孩子们在表演的过程中，尽可能提升综合素质。陈岐岳副教授在节目中主要负责对冬奥项目的解读和文化传播方面的点评，尤其对温哥华冬奥会亚军张丹、张昊和北京市短道速滑比赛冠军马子惠两个顽强拼搏案例的生动表达获得了导演组的高度评价。

陈岐岳副教授应邀加入央视《冰雪梦想团》担任嘉宾

首都体育学院收到中国花样滑冰协会感谢信

为全面响应"体育强国""健康中国"战略和"带动三亿人参与冰雪运动"号召，中国花样滑冰协会与中国舞蹈家协会联合创编了"全国第一套花样滑冰广播操"（以下简称"广播操"），首都体育学院冰雪运动学院教师陈丹受邀参与创编，并以优秀的专业素养和硬朗的工作作风受到协会及编创工作组的一致好评。

2021 年 12 月 10 日，中国花样滑冰协会发来感谢信，感谢陈丹在广播操的内容设置、示范教学和编创艺术上给予很多的专业指导。同时她积极参与《全国第一套广播操学练手册》《花样滑冰中小学丛书》的编写，为花样滑冰运动的普及推广作出了突出贡献。

首都体育学院受到中国花样滑冰协会的肯定

迎北京冬奥，享冰雪未来
首都体育学院成功举办第四届"中斯冰雪论坛"

为了进一步促进"一带一路"经济文化繁荣发展，推动中国与中东欧国家科技文化教育合作交流，加快我国冰雪运动、冰雪产业发展，第四届"中斯冰雪论坛"于 2021 年 12 月 14 日在首都体育学院举办。

"中斯冰雪论坛"源于 2018 年首都体育学院与斯洛文尼亚卢布尔雅那大学签署的《中国

首都体育学院与斯洛文尼亚卢布尔雅那大学学术与科学合作总协议》，该协议纳入第七次中国—中东欧国家领导人会晤成果清单。首届中斯冰雪论坛于 2018 年 11 月在首都体育学院成功举办，本论坛结合中斯总协议精神，每年一届，采用轮流承办原则开展。

第四届论坛由首都体育学院、卢布尔雅那

首都体育学院成功举办第四届"中斯冰雪论坛"

大学共同承办，主题为"迎北京冬奥、享冰雪未来"。本次论坛在中国和斯洛文尼亚两国采用录播的形式举办。

首都体育学院党委副书记、院长张霞致欢迎词，介绍了学校的发展情况，就全面服务北京2022年冬奥会及北京国际奥林匹克学院建设等方面进行了说明，并对斯洛文尼亚和卢布尔雅那大学表示了衷心的感谢。卢布尔雅那大学校长 Gregor Majdič、卢布尔雅那大学体育学院院长 Damir Karpljuk、斯洛文尼亚奥委会主席 Bogdan Gabrovec、中国驻斯洛文尼亚大使王顺卿及斯洛文尼亚驻华大使苏岚女士分别致辞。国家体育总局副局长李颖川指出，"中斯冰雪论坛"作为两国体育交流的亮点活动，至今已举办了四届，是中斯体育界凝聚共识、共商合作的重要平台，为促进中斯体育事业共同发展、增进两国人民了解和友谊、促进民心相通做出了积极贡献。斯洛文尼亚教育科学体育部部长 Simona Kustec 介绍了近年来中斯双方在体育领域的合作，希望参加北京冬奥会的中东欧国家运动员能够顺利参赛，期待在新型技术、交叉学科、人工智能、生物力学及医药等领域获得中方的支持。

论坛主报告环节，卢布尔雅那大学 Bojan

Jošt 教授就"跳台滑雪世界纪录的发展"，首都体育学院吴昊教授就"冬季运动的营养策略与应用"，卢布尔雅那大学 Matej Supej 教授就"高山滑雪竞赛中的空气动力学研究"，哈尔滨体育学院王飞教授就"后冬奥时代冰雪产业发展"，卢布尔雅那大学 Armin Paravlić 副教授就"高山滑雪项目的神经肌肉训练"，首都体育学院王子朴教授就"交叉学科背景下的我国冰雪人才培养体系探讨"，普兰尼卡组委会就"2023年普兰尼卡世界杯的筹备与组织"，上海体育学院黎涌明教授就"体育科技与体育科研人员在激发竞技运动员潜力方面的合作"，斯洛文尼亚奥委会 Matic Švab 就"使命：从特里格拉夫冰川到北京"做了专题报告。

未来，首都体育学院将与卢布尔雅那大学在师资交流、科研项目、青少年体育教育等方面进行深度合作。同时，两校将进一步拓展合作领域，加强在体育人工智能、生物力学及医药领域的合作，实现"体医工"融合创新发展，并在体育人才培养，后奥运时代的冬季运动的发展及奥运遗产继承等方面开展务实合作，促进两国奥林匹克运动和体育事业的发展，共同推动两国体育事业迈上新的台阶。

首都体育学院获批设置冰雪运动本科专业

2022 年 2 月 22 日，教育部下发《教育部关于公布 2021 年度普通高等学校本科专业备案和审批结果的通知》（高教函〔2021〕14 号），正式公布 2021 年度普通高等学校本科专业备案和审批结果。教育部经组织申报、公示、审核等程序，并根据普通高等学校专业设置与教学指导委员会评议结果，同意首都体育学院设置冰雪运动本科专业。

近年来，首都体育学院在不断巩固加强现有专业建设质量与水平的基础上，持续探索专业建设规模扩大的渠道与路径。学校本科专业已增至 15 个，涵盖教育学、文学、理学、管理学、艺术学 5 个学科门类。冰雪运动专业的开设，是首都体育学院培养冰雪运动高层次人才的重要里程碑，不仅优化了学校的专业结构、丰富了教学资源，更符合经济社会发展，回应了冬季体育改革发展的重大需求。

首都体育学院冰雪运动专业的建设将紧密围绕冰雪专业教学、训练、竞赛、科研与社会服务五位一体办学定位；完善冰雪相关的课程体系，逐步拓宽专业方向，力争快速建设成我国冰雪教学科研、训练、竞赛、理论科技研究中心，为后冬奥冰雪运动发展和冰雪人才培养提供创新和实践平台。在扎实做好新增专业建设的同时，首都体育学院将继续提升现有本科专业的内涵建设，凸显学科专业特色与优势，全面提高本科人才培养质量。

首都体育学院获批设置冰雪运动本科专业

弘扬冬奥精神，践行新风行动

冰雪运动学院邀请北京冬奥会花样滑冰双人滑金牌获得者隋文静作专题讲座

为学习宣传贯彻党的二十大精神，进一步加强校园精神文明建设，推进良好学风、校风的形成，2022年11月11日，首都体育学院冰雪运动学院邀请北京冬奥会花样滑冰双人滑金牌获得者隋文静作"学习二十大 弘扬冬奥精神"专题讲座。冰雪运动学院教师代表、全体学生及管理与传播学院入党积极分子共120余名学生参加了此次专题讲座。

隋文静以习近平总书记在党的二十大报告中对青年提出的"广大青年要坚定不移听党话、跟党走，怀抱梦想又脚踏实地，敢想敢为又善作善成，立志做有理想、敢担当、能吃苦、肯奋斗的新时代好青年"[1]殷切寄语为导入，讲述了自己近20年的花滑奋斗历程。隋

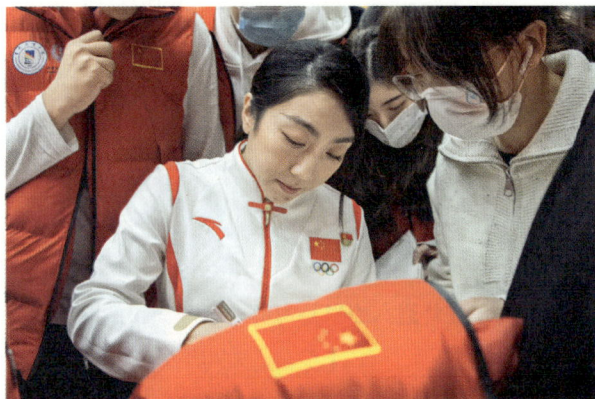

金牌获得者隋文静作专题讲座

---

[1]《习近平：高举中国特色社会主义伟大旗帜 为全面建设社会主义现代化国家而团结奋斗——在中国共产党第二十次全国代表大会上的报告》，新华社，2022年10月25日。

文静与在座的师生分享了自己在北京冬奥会夺冠的精彩时刻，并讲述了自己在日常训练不为人知的日子里所遇到的困难与坎坷。她告诉大家，冠军并不只有外表上的光鲜亮丽，每个成功的背后，都有无数个日日夜夜的风雨兼程、刻苦训练、勤奋付出，同时还要面临常人想象不到的坎坷与挑战。隋文静以自己的亲身经历为大家诠释了什么是冬奥精神，什么是为梦想而奋不顾身、拼尽全力。最后，隋文静与师生进行现场互动，一一耐心回答现场同学的提问，并与全体师生合影留念。

隋文静的讲座真挚感人，引发了现场学生的强烈共鸣。大家纷纷表示，要以隋文静为榜样，认真学习领会党的二十大精神，弘扬"胸怀大局、自信开放、迎难而上、追求卓越、共创未来"冬奥精神，铭记"以挑战者精神拼搏创新"的校训，养成良好行为习惯，扎实理论素养，苦练专业技能，为实现中华民族伟大复兴的中国梦贡献青春力量，为建设中华体育精神和奥林匹克精神融合发展的世界一流体育大学努力奋斗！

习奥运精神，展中国力量

马克思主义学院组织师生参与"全国大学生同上一堂'冰雪'思政大课"

北京冬奥会的成功举办，振奋了民族精神，为全球抗疫和举办国际重大活动提供了有益经验，完美演绎了"更快、更高、更强——更团结"的奥林匹克格言。借着冬奥会的余温，教育部社科司、国家体育总局冬季运动管理中心联合人民网，于2022年4月16日组织开展了同上一堂"冰雪"思政大课，回望中国冬奥历程。马克思主义学院在2022年4月15日下午接到通知后，充分认识到本次"思政大课"的重要性，于当天晚上紧急召开会议研究部署工作，将本次视频公开课纳入"形势与政策"课程中，要求所有学生和思政课教师参加在线课程学习。

这堂"冰雪"思政大课主要包括4个部分，

分别讲述了"冬奥之路""理论指导""使命在肩""奋斗有我"，课程邀请部分专家学者和苏翊鸣、武大靖等13名冰雪名将以及标兵志愿者、制冰师、民间爱好者等冬奥参与者，为全

马克思主义学院组织师生参与"全国大学生同上一堂'冰雪'思政大课"

国大学生共同讲述冬奥故事，展现运动员的奋斗拼搏精神以及冰雪运动的魅力。在线课程结束后，首体学子深受教育和鼓舞，反响热烈，纷纷发表自己的感想。

心系祖国，志存高远。2020级经管冰雪专业李昕默激动地说："作为新时代大学生，我们要以为国争光为己任，以为国建功为光荣，为了祖国和人民奋力拼搏！"2021级电竞班侯紫郝结合自身实际表示："作为一名首都体育学院学子，我会铭记并传承中华体育精神，时刻告诫自己，拼搏向前，永不放弃，也希望尽己所能为五星红旗增光添彩，为伟大祖国继续繁荣富强奉献一份自己的力量！"

自信乐观，开放包容。休闲与社会体育专业的学生张志强表示："中华民族崇尚开放包容，崇尚敦睦和谐，崇尚天下大同。冬奥会的举办不仅可以增强我们实现中华民族伟大复兴的信心，而且有利于展示我们国家的良好形象，增进各国人民对中国的了解和认识，让更多的人了解我们伟大的祖国。"2018级体育教育专业学生郗莹自豪地说："冬奥的北京，见证了竞技体育的荣耀与梦想，凝聚人类社会的团结与友谊，再次向世界展现了大国担当和中国人民自信乐观、积极向上的精神风貌！"

坚韧不拔，迎难而上。2020级社体专业学生王乔斌表示："冬奥会见证了运动员、志愿者和所有工作人员背后的艰辛与不易。冬奥赛场，耀眼的不只是成绩，更有永不放弃的拼搏精神和超越自我的不懈追求！"运动与训练专业学生赵艺洁表示课中采访杨洪琼的画面令她深受触动，"杨洪琼是北京冬残奥会越野滑雪女子坐姿组的'三冠王'。杨洪琼说：'我们遇到困难，一定不要退缩，要迎难而上，不

要怀疑自己。'她的这些话使我有很大的感触，在以后遇事我要坚持到底，面对苦难和挫折，也不要气馁，调整心态，哪里跌倒哪里站起来。"2018级运动与训练专业学生陈奕如说："在新冠疫情带来的压力下，本届冬奥会的筹办和举行注定面临了许多前所未有的困难，我们迎难而上，坚持疫情防控和冬奥筹办两手抓，为世界人民带来了一场精彩绝伦的冬奥盛事。"

执着专注，追求卓越。作为冬奥会的志愿者，2020级管理与传播学院新闻冰雪专业学生马锶洋激动地说："在开幕式上，我们呈现最完美亮相的背后，是一次又一次艰苦的训练。从2021年10月开始第一次在校内进行排练，我们时刻准备着！从早9点到晚上11点，冬日里顶着寒风、雨雪里排练，我们所追求的就是要在冬奥会上，以最饱满的精神面貌呈现给大家！"2021级休闲与社会体育专业学生谷庄表示："作为一名学生尤其是体育专业学生，我们所能做到的是认真对待专业课程，强化完善自己的技术水平和学术能力，为未来在此方面上的运用打下坚实基础，并有决心带领中国冰雪走向世界巅峰，驶入星辰大海！"

协同携手，共创未来。休闲与社会体育专业的学生高宇动情地说："一片雪花的故事结束了，但奥运火种、奥林匹克精神继续传递。金色雪花化作万家灯火，中国与世界携手走向烟波浩渺、碧水青山的未来！"张志强表示："北京冬奥会诠释了'绿色奥运、科技奥运、人文奥运'的理念，以敏锐的时代眼光和深切的人文关怀关注人类和奥运的命运，践行和弘扬奥林匹克精神。"运动与训练专业学生何美琳是一名冬奥会志愿者，她激动地说："作为

一名冬奥志愿者，我很荣幸能够见证并参与到这场奥运盛宴。观看此次'冰雪'思政大课，让我再一次回顾了比赛期间各个精彩的瞬间。此次冬奥会的主题是'一起向未来'，我们伟大的祖国，要与世界一起向未来！"

体育强则中国强，体育兴则中国兴。此次"全国大学生同上一堂'冰雪'思政大课"活动进一步发挥了高校思政课落实立德树人根本任务的关键作用。通过此次活动，首都体育学院学生深刻认识到作为新时代大学生，尤其是体育院校的学生，要用拼搏、开拓、奋进的热血与激情接力奋进，努力追求自我，敢于挑战自我，勇担时代大任，把青春融入中华体育事业，一起向未来，铸就新辉煌！

第八章

学校社会声誉显著提高

2022 年 2 月 3 日，北京冬奥会开幕前夕，国际奥委会第 139 次全会宣布，首都体育学院院长张霞荣获国际奥委会 2021 年"妇女与体育奖亚洲奖"，体现了国际奥委会对中国体育的充分肯定和支持，意义重大、影响深远。北京冬奥会举办期间，国际奥委会主席巴赫先生为北京国际奥林匹克学院送上祝福，多个国际组织负责人对首都体育学院服务保障冬奥会、冬残奥会做出的贡献给予了高度赞誉。北京冬奥组委、北京冬奥中国体育代表团相关队伍等纷纷发来感谢信，对首都体育学院在服务冬奥相关领域所作的突出贡献表示衷心感谢。首都体育学院服务冬奥工作广受社会关注，《北京日报》两次专版报道，《人民日报》、新华社、中央电视台等社会主流媒体集中发布首都体育学院（北京国际奥林匹克学院）冬奥服务典型事例近 200 条，点击量过百万次。

首都体育学院院长张霞荣获国际奥委会 2021 年"妇女与体育奖亚洲奖"

2022 年 2 月 3 日下午，国际奥委会第 139 次全会宣布，首都体育学院院长张霞荣获国际奥委会 2021 年"妇女与体育奖亚洲奖"！

张霞院长在体育领域工作近 40 年，1991 年获得摔跤世锦赛冠军，成为中国第一个女子摔跤世界冠军。退役后成为国家级教练员及国际级裁判员，在担任教练员期间培养出多名女子国家冠军、世界冠军和奥运冠军。在担任裁判员及国际摔跤联合会执委期间，以裁判员和技术代表身份连续参加五届奥运会和六届亚运会，在 2008 年第 29 届北京奥运会获奥运会国际单项组织裁判最高奖项"金哨奖"。2021 年 8 月，担任中国体育代表团摔跤队领队参加东京奥运会，取得优异成绩。在担任体育行政工

首都体育学院院长张霞荣获国际奥委会 2021 年"妇女与体育奖亚洲奖"

首都体育学院教师刘秋宏

作者期间，致力于推进竞技体育工作发展，提升了竞技体育训练备战质量和水平；坚持体教融合，推动青少年体育运动蓬勃发展，不断丰富体育发展新力量。作为体育教育工作者，她致力于宣传奥林匹克运动，传承奥林匹克精神，培养更多的体育人才，充分发挥体育在育人、育德、育体上的功能。

张霞院长担任国际摔跤联合会执委，在大力推广项目的同时，积极鼓励各国女性运动员参赛，组织各类课程和培训提高女性运动员、教练员、裁判员及官员的认识和领导力。正是由于她对体育运动女性发展的突出贡献，国际摔跤联合会在 2021 年提名她为国际奥委会"妇女和体育奖"候选人。

该奖项的公布正处于北京 2022 年冬奥会开幕前夕，意义重大、影响深远。冬奥会是世界人民共同的体育盛会，传递了团结友爱、公平竞争、相互理解的奥林匹克精神。张霞院长获得该奖项，一方面体现了国际奥委会对中国体育的充分肯定和支持，另一方面也向全世界展现了中国新时代女性独立自主、勇于进取的精神风貌，展现了中国体育人勇攀高峰、追求卓越的风采魅力！

2022 年 2 月 2 日，首都体育学院院长张霞、冰雪教师刘秋宏作为北京 2022 年冬奥会火炬手，在北京冬奥公园参加了北京 2022 年冬奥会火炬接力。

熊熊燃烧的圣火，正如首都体育学院（北京国际奥林匹克学院）全力服务保障冬奥的热情、全情投入体育事业的决心、全心传递奥林匹克精神的理想和信念。首都体育学院人将不负体育人的光荣和使命，在建设中华体育精神与奥林匹克精神融合发展的世界一流体育大学的道路上勇毅前行。

激动人心！巴赫主席向北京国际奥林匹克学院送祝福

国际奥委会主席巴赫于 2022 年 2 月 9 日晚现身延庆赛区国家雪车雪橇中心"雪游龙"观看男子双人雪橇比赛，并受邀向北京国际奥林匹克学院（BIIOS）送上祝福：

"I wish all the students in BIIOS a very happy, prosperous, successful New Year of the Tiger! 新春快乐！"

祝愿北京国际奥林匹克学院的学生们新春快乐、万事如意、虎年大吉！

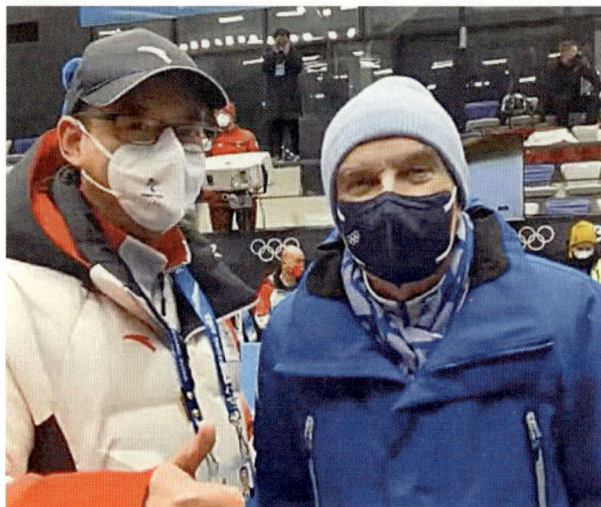

巴赫主席向北京国际奥林匹克学院送祝福

巴赫、小萨马兰奇为北京国际奥林匹克学院签名寄语

2022 年 1 月 28 日，国际奥委会主席巴赫到访国家越野滑雪中心，与首都体育学院在张家口越野滑雪中心开展服务保障工作的教师亲切交谈并在北京国际奥林匹克学院画册上签名，在交谈中表示下次有机会一定到北京国际奥林匹克学院参观。

国际奥委会副主席、北京冬奥会协调委员会主席小萨马兰奇为北京国际奥林匹克学院画册签字，并给北京国际奥林匹克学院送上祝福。

巴赫、小萨马兰奇为北京国际奥林匹克学院签名寄语

首都体育学院师生参与接待国际奥委会主席巴赫

2022年1月28日，国际奥委会主席巴赫到访国家越野滑雪中心，首都体育学院师生参与接待工作。

参与接待工作的师生志愿者表示，国际奥委会主席巴赫对志愿工作的认可和鼓励是他们进一步努力完善工作的动力，在日后工作中他们将继续用实际行动展现好首都体育学院师生的良好精神风貌。

首都体育学院师生参与接待国际奥委会主席巴赫

首都体育学院副院长谢军：科技冬奥这盘棋怎么下？

2022 年 2 月 20 日，《新民晚报》北京冬奥会特别栏目发表了谢军副院长有关科技冬奥的采访报道。在采访中，谢军向记者讲述了冬奥会开幕式中打动人心的细节展示，介绍了首都体育学院师生服务冬奥相关工作的情况，以及冬奥相关科研项目情况。谢军表示，2022 年北京冬奥留下的遗产不仅是实体化的场馆，更多的是其中蕴含的观念和精神。

谢军：科技冬奥这盘棋怎么下？

首都体育学院教授刘海元：激活"冰雪基因"体教融合，开启冰雪运动新时代

首都体育学院教授刘海元做客中国教育电视台《育见》节目，介绍了首都体育学院在 2022 年北京冬奥中科技支撑、志愿服务等多项服务支撑工作，概括了首都体育学院在冰雪运动人才培养、冰雪运动学科建设与科学研究、奥林匹克教育等方面的发展情况。他提出，激活"冰雪基因"是要从制度到实践健全长效机制，把冰雪运动变为日常教学的一部分，保障"冰雪热情"的常态化；是要多渠道解决场地、设备和师资问题，持续提供教育经费，帮助学校因地制宜开展教学活动。要发挥冰雪文化的教育引领作用，助燃青少年的"冰雪梦"。

刘海元：激活"冰雪基因"体教融合，开启冰雪运动新时代

首都体育学院教师做客《中国电影报道》介绍"雪上 F1"——雪车雪橇

首都体育学院教师、北京 2022 年冬奥会雪车雪橇项目 NTO 李春治、史衍做客《中国电影报道》，介绍"雪上 F1"——雪车雪橇项目的起源、运动要点、运动员选拔标准等知识，为普及冰雪知识贡献了自己的力量。

首都体育学院教师做客《中国电影报道》介绍"雪上 F1"

茹秀英教授参与央广网《每日一习话》节目录制解读总书记"实实在在把奥运会办好"

顺利举办即成功，就是实实在在把奥运会办好，而且真正体现出我们讲的绿色、安全、简约，就是精彩的，就是成功的。①

——习近平

这段话出自 2022 年 1 月 4 日习近平总书记在北京考察 2022 年冬奥会和冬残奥会筹办备赛工作时的讲话。

"实实在在把奥运会办好"，朴素平实的语言彰显了习近平总书记对办好北京冬奥会的信心和期待，同时也向世界坚定表明，北京冬奥会和冬残奥会筹办进展顺利且高效，中国完全有能力确保北京冬奥会如期举办。

北京冬奥会在 6 年多筹办时间里，充分发挥中国治理优势，秉持"绿色、共享、开放、廉洁"的办奥理念和"简约、安全、精彩"的办赛要求，在新冠疫情给人类带来巨大挑战的境遇下，书写了奥林匹克运动与城市和区域良性互动的典范：北京首钢工业园区"魔术大变身"成为北京人文新地标；"双奥"场馆鸟巢、水立方等"科技＋绿色"的神奇般转换，成就了中国践行国际奥林匹克运动可持续发展的"中国方案"；"冰丝带""雪飞天""雪游龙""雪飞燕""雪如意"彰显"科技—绿色—中国文化"完美融合；"带动三亿人参与冰雪运动"从愿景走向现实，冰雪运动前所未有地在中华大地上广泛普及；同时，京张高铁见证了中国速度、张家口实现跨越式发展、万里长城熏陶的延庆赛区建成生态涵养的最美冬奥城……

2022 年冬奥会在北京举办，是中国体育和经济社会发展同国际奥林匹克运动发展开创双赢局面的重要契机。北京冬奥会实实在在地兑现了"为世界奉献一届精彩、非凡、卓越的冬奥会"的庄严承诺，开启全球冬季运动的新时代。

---

① 《习近平勉励北京冬奥运维团队：实实在在把冬奥会办好》，央视新闻，2022 年 1 月 5 日。

首都体育学院奥林匹克研究中心主任茹秀英教授撰文《双奥之城呈现别样的冬奥盛会》

首都体育学院奥林匹克研究中心主任茹秀英教授以《双奥之城呈现别样的冬奥盛会》为题撰文，阐释了冬奥盛会的独特文化含义，对冬奥冰雪赛事设置项目做出解读，总结概括了在新冠疫情下以"更快、更高、更强"的奥林匹克精神克服困难，为传播冬奥知识、助力冬奥盛会增光添彩！

茹秀英教授撰文阐释"更快、更高、更强"的奥林匹克精神

首都体育学院奥林匹克研究中心主任茹秀英教授：绿色办奥为冬奥会打下美丽中国底色

首都体育学院奥林匹克研究中心主任茹秀英教授受《中国新闻》节目邀请，解读"绿色办奥"理念。她强调绿色办奥是 2022 年北京冬奥的重要理念之一，与国际奥委会所坚持的可持续发展理念高度契合，具有非凡意义。

她认为冬奥会为实现我国"双碳"目标所作的贡献主要体现在三个方面。一是冬奥组委打造的"三标合一"管理体系，把可持续、环

茹秀英：绿色办奥为冬奥会打下美丽中国底色

境和社会责任三个国际标准糅合起来以管理北京冬奥会相关工作，为未来中国可持续举办大型体育赛事提供积极遗产。二是科技助力冬奥引领中国碳中和技术和产业的跨越式发展，北京冬奥会中的 37 个科技项目、112 项科技成果都已成功应用到冬奥会中。三是绿色办奥理念已融入百姓生活认知及习惯中，如低碳交通、低碳出行、垃圾分类等，满足了人民对美好生活的需要，是冬奥会给百姓日常生活带来的积极改变，凸显了北京冬奥会的环保示范，为冬奥会打下美丽中国底色。

首都体育学院奥林匹克研究中心主任茹秀英教授谈"双奥"北京如何传承奥林匹克精神

首都体育学院奥林匹克研究中心主任茹秀英教授做客《中国新闻》节目时谈道，北京冬奥会开幕式上演员均为普通群众，其中 95% 为青少年群体，比历届冬奥会的比例都要高，是奥林匹克精神传承弘扬的重要体现之一。茹秀英表示，在 2008 年北京奥运会背景之下，我国建立了 556 所奥林匹克教育示范校，组织同心结交流活动开拓青少年奥林匹克视野，实现了奥林匹克精神最大化普及和宣传。到 2022 年冬季奥运会时，我国已建立 836 所奥林匹克教育示范校，并在"带动三亿人参与冰雪运动"的愿景下，建立了 2062 所冰雪运动特色校。各类冰雪运动的开展丰富了大众休闲娱乐活动，促使奥林匹克精神从校园走进社区，促进大众健康生活方式，使得奥林匹克精神进一步植根中国大地、深入人心，这是我国在两届奥运会中传承下来的珍贵人文价值。

首都体育学院奥林匹克研究中心茹秀英教授谈"双奥"北京如何传承奥林匹克精神

首都体育学院教师著作《冬奥会历史与北京冬奥会》出版引起广泛社会反响

北京冬奥会（第 24 届冬季奥林匹克运动会）是中国进入新时代迎来的具有历史意义的世界体育盛会。继 2008 年北京成功举办第 29 届夏季奥运会之后，北京冬奥会再次激发人民参与奥运的热情，也成为相关领域学者关注的研究热点。

2022 年 1 月，首都体育学院管理与传播学院教师冯国有教授、梁金辉副教授、张宏伟副教授主编的学术著作《冬奥会历史与北京冬奥会》由经济科学出版社出版。本书的主要内容以冬奥会历史与北京冬奥会为逻辑主线，阐释了中国参与奥运、主办奥运的中国冬奥时刻及北京冬奥会时刻；反映了北京冬奥会影响举办地居民的真实状况；探究了举办地青少年支持北京冬奥会的影响机理；研究了北京居民参与冰雪运动及北京冰雪体育产业发展。

首都体育学院教师著作《冬奥会历史与北京冬奥会》出版

该书的出版引起了良好的社会反响，2022 年 2 月，《冬奥会历史与北京冬奥会》入选《中国出版传媒商报》第二批百种冬奥冰雪主题书单 18 种学术研究类图书，经济科学出版社与全球第一大科技图书出版公司斯普林格合作的《冬奥会历史与北京冬奥会》英文版和阿拉伯文版将于 2024 年出版发行。

2015 年 7 月北京获得 2022 年冬奥会举办权。在首都体育学院科技处、管理与传播学院领导的大力支持下，由冯国有教授牵头的北京冬奥会专题研究团队就开始了相关学术研究。在学院部分教师及研究生共同参与和努力下，相继出版了《冬奥会历史研究与北京冬奥会研究展望》（2017 年 12 月，经济科学出版社）、《北京冬奥会举办地居民冬奥认知与行为意向研究》（2019 年 12 月，经济科学出版社）两部学术著作。其中，《冬奥会历史研究与北京冬奥会研究展望》入选 2021 年 9 月《中国出版传媒商报》第一批百种冬奥冰雪主题书单 15 种学术研究类图书。

北京冬奥会的结束正是中国冰雪运动发展的新起点。随着"后冬奥"时期的到来，冬奥文化的传承与弘扬显得尤为重要。管理与传播学院也必将担起冬奥文化传承的重任，努力将其发扬光大，为中国冰雪事业的发展作出卓越贡献。

首都体育学院陈岐岳副教授在《人民日报》发表文章《荧屏绽放冰雪梦》

2022 年 2 月 24 日，首都体育学院管理与传播学院广播电视教研室主任陈岐岳副教授在《人民日报》发表题为《荧屏绽放冰雪梦》的文章。该评论文章介绍了在北京冬奥会期间中央广播电视总台推出的大型综艺节目《冰雪梦想团》，陈岐岳以冬奥文化研究员的身份参与了节目的录制，该节目以全新的视角呈现内容，为冬奥会增添活动氛围和色彩。

陈岐岳在文中写道："《冰雪梦想团》节目首次将冰雪运动、地域名片、中国古诗词这 3 种不同风格的内容进行大胆碰撞和巧妙融合。"节目以对传统文化创新表达的形式传播奥林匹克精神，同时采用 VR 等技术营造冰雪氛围，突出"一起向未来"的主题。陈岐岳在文章的最后对未来青少年上冰雪的前景做出展望。

首都体育学院陈岐岳副教授在《人民日报》发表文章《荧屏绽放冰雪梦》

首都体育学院陈岐岳副教授做客《中国新闻》点评冬奥会赛事

北京2022冬奥会期间，首都体育学院管理与传播学院广播电视教研室主任陈岐岳副教授应邀参与CCTV4《中国新闻》直播节目，在多期节目中点评冬奥会赛事并就相关话题发表评论。

节目中，陈岐岳分别就"冬奥会即将开幕我们准备好了""冬奥会点亮疫情中的世界""黑科技点亮冬奥会""冬奥会文化传播"等话题展开评述。陈岐岳见证了中国队首金的诞生，分享了数字科技为冬奥加注智慧之光，梳理了冷冰雪在我国如何变为热经济等。他清晰的思路、标准的吐字、流畅的表达、深度的观点、独特的视角获得了央视领导的高度认可。

首都体育学院陈岐岳副教授做客《中国新闻》点评冬奥会赛事

首都体育学院教师满丹丹做客《奥林匹克人》：一路努力奔跑

首都体育学院教师满丹丹受邀做客CCTV16《奥林匹克人》节目，分享了自己参加三届冬奥会的赛事经历，讲述了在越野滑雪运动生涯中的成长故事，展示了吃苦耐劳、拼搏奋斗的优秀品格，体现了奥林匹克精神内涵，为传播奥林匹克运动与文化奉献了一份首体力量。

首都体育学院教师满丹丹做客《奥林匹克人》：一路努力奔跑

首都体育学院收到的感谢信

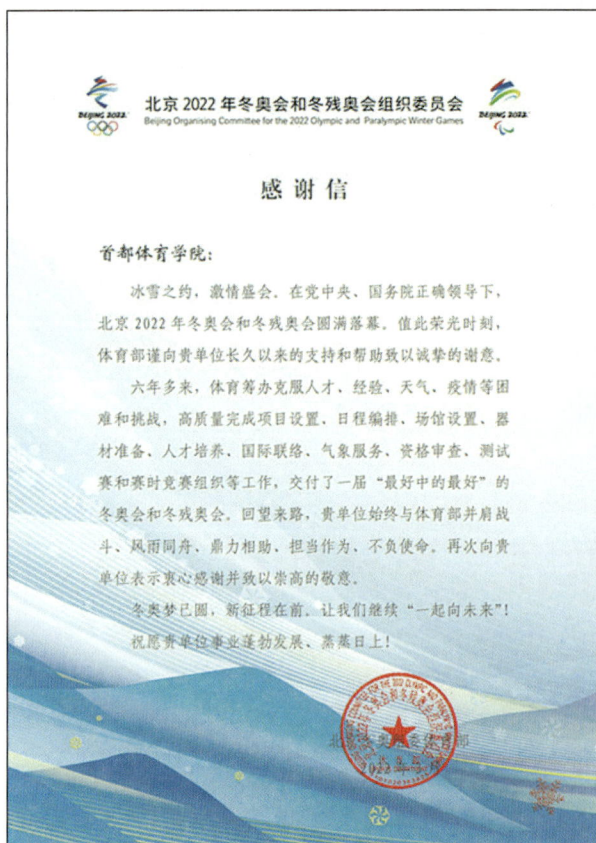

北京 2022 年冬奥会和冬残奥会组织委员会感谢信

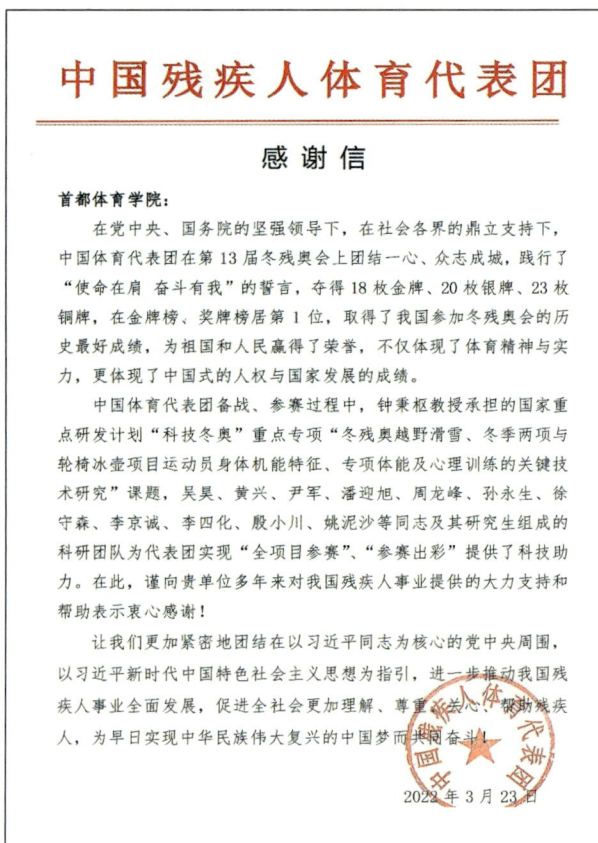

中国残疾人体育代表团感谢信

国家越野滑雪中心场馆运行团队

感谢信

首都体育学院：

相约冬奥，圆梦冰雪。北京 2022 年冬奥会，国家越野滑雪中心承担了越野滑雪和北欧两项 2 个分项、15 个小项比赛，产生了 15 枚金牌，为世界呈现了一届"简约、安全、精彩"的奥运盛会，受到了国际奥委会主席巴赫、国际奥委会北京冬奥会协调委员会主席小萨马兰奇、国际雪联主席约翰·埃利亚施的认可和参赛国运动员、随队官员的好评。

北京 2022 年冬奥会取得圆满成功，离不开所有场馆团队成员的共同努力。贵校选调冬奥组委派驻到国家越野滑雪中心担任技术副经理的王荣波，不畏严寒、不惧风雪，坚守场馆近七个月，作为技术业务领域的主要负责人之一，承担起技术前期建设、中期部署、后期就绪运行各项保障任务，有力保障了"相约北京"测试赛及冬奥赛时技术运行，为核心客户提供了优质的技术服务，展现出了默默奉献、吃苦耐劳的敬业精神。贵校选派的左伟、董建锋、曹邂孙、石伟东、邹佳泗 5 名国内技术官员，他们在不同岗位上发挥着各自优势，为冬奥会体育竞赛的组织管理、指挥协调，顺畅运行提供了强有力保障。在此，特向贵校及贵校派出的所有老师致以衷心的感谢和崇高的敬意！

事业无止境，奋斗无穷期。首都体育学院是体育人才的摇篮，希望贵校持续发扬成绩，再攀教育事业高峰，展示中国体育新气象，为国际奥林匹克事业做出更大贡献！

让我们携手共进，一起向未来！

国家越野滑雪中心场馆主任

2022 年 2 月 20 日

国家越野滑雪中心场馆运行团队感谢信

张家口古杨树场馆群运行团队

感谢信

首都体育学院（北京国际奥林匹克学院）：

筑梦冰雪，同向未来。北京 2022 年冬奥会，国家越野滑雪中心承担了越野滑雪和北欧两项 2 个分项、15 个小项比赛，产生了 15 枚金牌，为世界呈现了一届"简约、安全、精彩"的奥运盛会，受到了国际奥委会主席巴赫、国际奥委会北京冬奥会协调委员会主席小萨马兰奇、国际雪联主席约翰·埃利亚施的认可和参赛国运动员、随队官员的好评。

北京 2022 年冬奥会取得圆满成功，离不开所有场馆团队成员的共同努力。贵单位王荣波同志选调冬奥组委派驻到国家越野滑雪中心担任技术副经理，他不畏严寒、不惧风雪，坚守场馆近七个月，承担起技术前期建设、中期部署、后期就绪运行各项保障任务，有力保障了"相约北京"测试赛及冬奥赛时技术运行，为核心客户提供了优质的技术服务，展现出过硬的工作作风和精湛的业务水平。

特向贵单位及王荣波同志致以诚挚的感谢！

张家口古杨树场馆群运行团队

2022 年 2 月 23 日

张家口古杨树场馆群运行团队感谢信

第九章

后冬奥时代展望

习近平总书记曾指出："我们每个人的梦想、体育强国梦都与中国梦紧密相连"[①]"普及冰雪运动，增强人民体质与中国实现'两个一百年'奋斗目标也是契合的"[②]。国际奥委会主席托马斯·巴赫曾指出"冬奥会是推进实现可持续发展宏伟目标的催化剂"。"两个冬奥会"已完美谢幕，首都体育学院全校广大师生亲身参与、经历、见证了北京这座"双奥之城"为国际奥林匹克运动事业作出的巨大贡献、全市体育运动蓬勃发展的历史跨越，以及为加快实现我国体育强国战略贡献的北京智慧和北京力量。

作为"双奥之城"的重要遗产，北京国际奥林匹克学院正与首都体育学院资源共享、相互支撑，开启并行发展的新篇章，积极创建中华体育精神和奥林匹克精神融合发展的世界一流奥林匹克学院。站在新的历史起点上，我们依旧使命在肩，作为北京市属唯一体育院校，我们有情怀、有责任、有能力为我国后奥运时代的冰雪运动大发展做出引领和示范，为冰雪运动这个前景广阔的事业作出新的更大贡献！

---

① 《习近平亲切看望索契冬奥会中国体育代表团》，人民网，2014 年 2 月 7 日。

② 《强健体魄　人民领袖体育情（全民健身 全面小康·特别报道）》，人民网，2020 年 8 月 4 日。

后冬奥时代我国冰雪运动可持续发展与高校的使命 *

作为北京市属唯一体育院校，首都体育学院从 2001 年北京申办夏季奥运会成功之时，就勇担体育人的光荣使命，一直在国际奥林匹克教育研究推广和两个奥运会筹办过程中积极开展工作。20 年来，全校广大师生亲身参与、经历、见证了北京这座"双奥之城"为国际奥林匹克运动事业做出的巨大贡献、全市体育运动蓬勃发展的历史跨越，以及为加快实现我国体育强国战略贡献的北京智慧和北京力量。

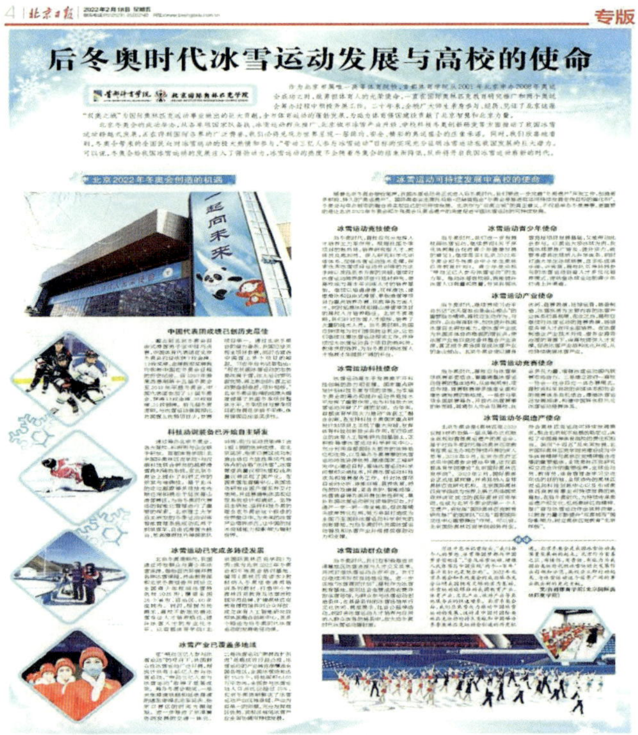

冬奥会的成功举办，从各单项国家队备战、冰雪运动群众推广、北京城市冰雪产业升级、学校科技冬奥创新研发等方面推动了我国冰雪运动跨越式发展，得到国际各界的广泛赞誉。同时，我们欣喜地看到，冬奥会带来的全国民众对冰雪运动的极大热情和参与，"带动三亿人参与冰雪运动"目标的实现充分证明冰雪运动在我国发展的巨大潜力。可以说，冬奥会给我国冰雪运动的发展注入了强劲动力，冰雪运动的热度不会随着冬奥会的结束而降低，反而将开启我国冰雪运动崭新的时代。

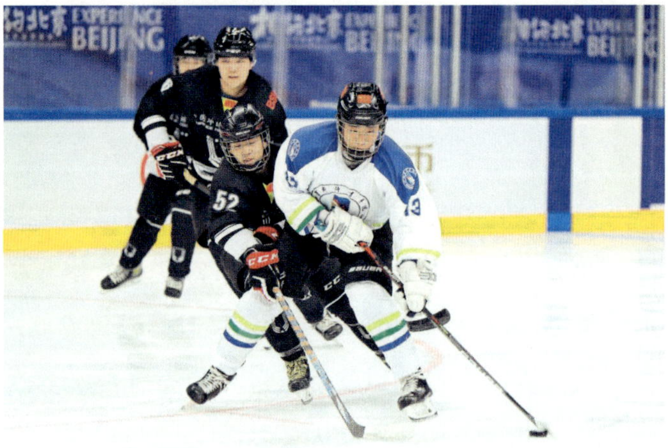

一、2022 年北京冬奥会创造的机遇

（1）中国代表团成绩已创历史最佳。

后冬奥时代我国冰雪运动可持续发展与高校的使命

---

* 原文为首都体育学院所作《后冬奥时代我国冰雪运动可持续发展与高校的使命》，载于《北京日报》2022 年 2 月 18 日。

截至北京冬奥会自由式滑雪男子空中技巧决赛结束，中国体育代表团在北京冬奥会已经收获7枚金牌、13枚奖牌，金牌数和奖牌数均刷新中国在冬奥会征程的历史纪录。自1980年第13届普莱西德湖冬奥会以来，中国代表团参加了11届冬奥会，获得13枚金牌、28枚银牌、21枚铜牌。前几届冬奥周期，与冰雪运动强国相比，我国雪上优势项目少，参赛项目单一。通过北京冬奥会的奋力备战，我国已经实现全项目参赛，同时也宣告中国雪上多个项目的崛起。习近平总书记曾指出：现在我国冰雪运动的态势是冰强于雪，冰上运动要巩固优势，再上新台阶；雪上运动要奋起追赶，恶补短板。[①]北京冬奥会取得的成绩大幅提高了我国冬季项目整体水平，冬季项目与夏季项目的发展逐步趋于平衡，体育强国迈出坚实步伐。

（2）科技助训装备已开始自主研发。通过筹办北京冬奥会，各大高校、科研所与企业联手研发。首都体育学院（北京国际奥林匹克学院）与汉朗科技联合研发的越野滑雪裁判辅助系统，在北京冬奥会上提升了判罚工作的效率与准确性。基于北斗的定位跟踪等多项技术先期应用和展示于延庆高山滑雪赛区，为后冬奥时代赛场的智能化管理进行了重要的探索。北京理工大学自主研发的冬季运动训练智能管理系统成功应用于钢架雪车、自由式滑雪大跳台、坡面障碍技巧等国家队训练，助力运动员取得1金1银1铜的优异成绩。在北京延庆、张家口赛区成功制造出适应大陆性季风气候特点的合格"冰状雪"，冰雪硬度测量仪和

冰雪粒径测量仪等实现了国产化。在国家雪车雪橇中心，我国成功研发出国产雪车并交付使用，并且赛道制冰实现自控系统设计和调试。坚持自主研发、坚持科技冬奥的理念在冬奥会这个最佳的世界窗口中，为未来的冰雪产业添砖加瓦，让中国的技术突破能力和影响力辐射世界。

（3）冰雪运动已完成多路径发展。北京冬奥周期内，我国通过开发群众与青少年冰雪资源，借助自然环境开展各种冰雪课程，并由教育部和北京冬奥组委共同设立全国冰雪特色校1036所，覆盖全国25个省区市、60余座城市。同时，根据市场需求，高校不断地完善冰雪专业人才培养路径，提升冰雪人才的专业化水平。以首都体育学院（北京国际奥林匹克学院）为例：成为北京2022年冬奥会和冬残奥会培训基地、编写《奥林匹克读本》教材纳入冬奥组委通用培训系列教材、打造中小学奥林匹克教育及冰雪进校园示范品牌、扩建奥林匹克教育博物馆并向公众开放、成立体育人工智能研究院和体医融合创新中心，在多个路径为后冬奥时代冰雪运动的发展做足功课。

（4）冰雪产业已覆盖多地域。在"带动三亿人参与冰雪运动"号召下，我国群众性冰雪运动广泛开展，据统计共有3.46亿人参与冰雪运动，"带动三亿人参与冰雪运动"取得了显著成效。筹办冬奥会期间，一是京张高速铁路和延崇高速的通车使得北京至延庆、张家口赛区的时间大幅缩短，进一步推进了京津冀协同发展的交通一体化。二是冰雪运动"南展西扩

---

① 范佳元：《增强竞技体育综合实力和国际竞争力：弘扬北京冬奥精神　加快体育强国建设》，《人民日报》2022年5月10日。

东进"战略有效实施,冰雪运动的产业链逐渐覆盖全国各地区,全国冰雪场地达到1520个,场地面积6100万平方米,全国参与冰雪运动人口占比已超过15%。北京冬奥周期解决了冰雪运动产业区域受限、产业内容单一的问题,充分发挥地区优势,实现区域间冰雪产业全面协调可持续发展。

二、冰雪运动可持续发展中高校的使命

随着北京冬奥会闭幕,我国冰雪运动将正式进入后冬奥时代,我们要进一步完善"冬奥遗产"开发工作,创造更多积极、持久的"奥运遗产"。国际奥委会主席托马斯·巴赫曾指出,"冬奥会是推进现实可持续发展宏伟目标的催化剂",冬奥会与申办城市的融合将实现自己的可持续发展。北京作为"双奥之城"的真正意义,不仅是要举办冬奥赛事,更重要的是让北京2022年冬奥会和冬残奥会从奥运遗产的角度促进中国冰雪运动的可持续发展。

(1)冰雪运动竞技使命。后冬奥时代,高校应充分发挥人才培养主力军作用。根据我国冬季项目的新布局,培养研究型人才、教练员及裁判员。深入研究科学化训练体系,加强冰雪运动技术支撑,探索优秀冰雪项目运动员训练的方法手段以及技战术方面的突破;继续对冰雪运动跨界跨项进行选材研究,使高校成为高水平训练人才的培养基地。继续以短道速滑、花样滑冰、速度滑冰和自由式滑雪、单板滑雪等项目为重点培养办赛、执裁等各方面人才,同时拓展冰球和高山滑雪等项目的高校人才培养路径。北京冬奥会周期,我们针对冰雪人才短板,培养了大量的技术人员。后冬奥时期,我国应持续地为他们提供就业机会,继续从事冰雪运动相关工作,并持续加大冰雪运动

各个项目的裁判员、教练员的培养,为后冬奥时期冰雪人才施展才华提供广阔的平台。

(2)冰雪运动科技使命。冰雪运动高水平发展离不开科技创新的助力和支持。国家重点研发计划科技冬奥专项的实施,为本届冬奥会的筹办和提升运动员竞技水平发挥了重要作用,也为科技助力冰雪运动开辟了广阔的空间。近年来,首都体育学院大力推动"体医工"融合创新,在主持科技冬奥国家重点研发计划项目上实现了重大突破,发挥体育科技创新排头兵作用,在已经成立的体育人工智能研究院基础上,正积极筹建冰雪运动科学研究中心。充分利用首都国际大都市的独特地位和优势,以及筹办冬奥赛事的冰雪运动场地资源优势,瞄准国家工程研究中心建设目标,围绕冰雪运动科学问题和尖端技术,开展冰雪运动科技攻关和竞赛服务工作。针对冰雪项目运动分析、体能训练、营养恢复、损伤预防及康复、紧急救护、智能场馆、冰雪装备等方面开展创新性研究,填补我国冰雪研究领域的空白,打通"产—学—研—用"全链条,促进高精尖成果转化应用,努力将其打造成为全国乃至国际冰雪运动科学研究的创新高地,为后冬奥时代我国冰雪运动普及和冰雪产业升级提供强劲动力和支撑。

(3)冰雪运动群众使命。后冬奥时代,我们应积极推进京津冀地区冰或雪资源与人才交叉共享,共同打造冰雪运动合作平台。我们应继续用好现有场地设施。进一步实施"冰雪惠民计划",高校作为冰雪教育基地,面向社会免费或低收费开放冰雪场馆,为群众参与冰雪运动创造条件,在具备条件的冰雪场馆举行文化休闲、展览展示、社会公益等活动,同时将

冰雪运动人才培养与应用纳入群众体育的链条中，放大后冬奥时代冰雪运动辐射面。

（4）冰雪运动青少年使命。后冬奥时代，我们进一步发展校园冰雪运动，继续贯彻《关于深化体教融合促进青少年健康发展的意见》，继续落实《北京2022年冬奥会和冬残奥会中小学生奥林匹克教育计划》。青少年是实现"带动三亿人参与冰雪运动"的生力军。推动冰雪进校园，既能提升冰雪人口数量和质量，夯实我国冰雪竞技项目发展基础，又能带动社会参与。以奥运大项冰球为例，我国冰球要推广普及程度、提升实力，就要考虑将冰球纳入升学体系，同时打造大学生冰球联赛，逐步形成俱乐部、训练营、高校队伍等共同参与的冰雪运动后备人才多元化培养模式，为热爱冰球运动的青少年打通上升渠道。

（5）冰雪运动产业使命。后冬奥时代，继续贯彻习近平总书记"冰天雪地也是金山银山"①的重要指示，高校应主动作为，与政府、企业强强联手，加快提升我国冰雪自主研发能力，使冰雪产业成为我国实体经济稳固的增长点，使冰雪产业链日益完备并整合产业资源，真正把冬奥资源变成冰雪产业的金山银山。北京冬奥会使以健身休闲、竞赛表演、场馆运营、装备制造、冰雪旅游为主要内容的冰雪产业体系初具规模，在此之后，高校应继续对冰雪运动的竞赛表演、场馆服务等人才进行全面培养。在冰雪制造业产业技术升级、服务业高效治理的背景下，由高校提供人才支撑，促进冰雪产业结构优化升级，从而持续做强冰雪产业。

（6）冰雪运动竞赛使命。后冬奥时代，高校应与冰雪单项联赛紧密结合，着重调整冰雪运动竞赛的整体结构，从体制机制、项目布局、竞赛联赛等多维度全面构建协调发展的新格局。一是参与单项全国联赛筹办，开放办冰雪赛事的新思路，强调引入协会及高校、社会多元力量，增强冰雪运动国内联赛市场活力。二是建立"政府—高校—协会—社会"四位一体办赛模式。高校将科学有效的训练体系和协会的竞赛体系有机结合，遵循冰雪运动发展规律，构建中国特色现代化冰雪运动竞赛体系。

（7）冰雪运动冬奥遗产使命。北京冬奥会是《奥林匹克2020议程》颁布后第一届从筹办之初就全面规划管理奥运遗产的奥运会。基于对后冬奥时代推动奥林匹克教育在奥运主办城市持续开展的深入思考，2018年9月，北京市政府正式向中国奥委会提出申请，依托首都体育学院建设"北京国际奥林匹克学院"。2020年2月，国际奥委会正式批复同意，并将其纳入全球奥林匹克研究机构。北京国际奥林匹克学院成为世界上第三所由国家政府决定成立的国际奥林匹克学院，也成为北京冬奥会的第一个人文知识遗产，将发挥"国际奥林匹克教育研究推广的国家队"以及"首都国际交往中心重要舞台"作用。可以说，北京国际奥林匹克学院因势而生，符合奥林匹克运动可持续发展需求，契合北京城市发展战略定位，体现了中国高等体育院校的责任和担当。面向"十四五"及未来发展，北京国际奥林匹克学院将建设成为中华体育精神与奥林匹克精神融

---

① 《习近平时间 | 冰天雪地掀起经济热潮》，新华社，2022年2月7日。

合传播的重要载体，全球奥林匹克研究和交流合作的重要纽带，全球运动员、教练员、体育管理者学习交流向往的目的地，全球领先的奥林匹克运动科技创新中心以及引领奥林匹克教育事业可持续发展的新高地，在后冬奥时代，为持续传承奥运遗产和文化、弘扬奥林匹克精神、推广普及冰雪运动作出独特贡献，以教育力量不断提升"双奥城市"国际影响力，树立奥林匹克教育"北京样板"。

"我们每个人的梦想、体育强国梦都与中国梦紧密相连"[①]"普及冰雪运动，增强人民体质与中国实现'两个一百年'奋斗目标也是契合的"[②]，2022 年北京冬奥会和冬残奥会的成功举办充分证明我国拥有足够的实力基础，冰雪运动能够推动我国教育产业、体育产业、文化产业、旅游产业等其他服务业的快速增长。北京冬奥会后，我们应乘势大力推动中国冰雪运动的发展，这将是中国对国际奥林匹克运动的持久贡献和中国举办冬季奥林匹克运动会创造的历史机遇。北京冬奥会是我国冰雪运动高质量发展新的起点。北京作为首善之区，有情怀、有责任、有能力为我国后奥运时代的冰雪运动大发展作出引领和示范，高校应立即行动起来，为冰雪运动这个前景广阔的事业作出新的更大贡献。

执笔人：首都体育学院
（北京国际奥林匹克学院）

---

① 黄玉琦、宋子节：《体育强则中国强！习近平为体育强国建设指明方向》，人民网，2021 年 9 月 15 日。
②《办好冬奥会，总书记反复强调这个理念》，新华网，2021 年 12 月 15 日。

因势利导进一步提升冬季运动普及和发展水平的思考和建议 *

随着 2022 年北京冬奥会的成功举办，我国冰雪体育事业在国际上实现了竞技成绩、人才培养、奥运遗产利用的全面提升，本届冬奥会我国不断创造辉煌成绩，将冬季运动项目的发展由点到面全面铺开，向世界展示了中国高度、中国速度、中国情怀。

一、冬季运动项目普及取得的成绩

我国冬季运动项目的普及与发展，在不同的政治、经济发展水平下，经历了复杂的历史演变过程，展现出多样的历史形态，在不断艰辛探索的过程中形成今天的规模并迈入了体育发展"十四五"时期。中国体育代表团在北京冬奥会全项目参赛，用 9 金 4 银 2 铜，15 枚奖牌，金牌榜第三的冬奥会历史最佳成绩交出了一份令人骄傲的答卷。无论参赛规模还是夺牌的数量，中国冰雪运动正在扭转冰强雪弱的局面，标志着我国冬季运动发展达到了一个新的高地，也预示着我国冬季运动的一个崭新良好、不断向上发展的局面。

在北京冬奥会周期，国家体育总局会同教育部制定冰雪运动传统特色学校相关标准，在全国遴选冰雪运动特色校 2062 所，将冰雪运动知识教育纳入学校体育课教学内容，开展全国学校冰雪运动竞赛，提高冰雪运动在校园中的普及程度。同时印发《北京 2022 年冬奥会和冬残奥会中小学生奥林匹克教育计划》《关于加快推进全国青少年冰雪运动进校园的指导意见》，真正让更多青少年能够参与其中，也使我国冬季运动项目的人才筛选模式逐渐转变，后备人才储备大大增加。

在竞技体育快速发展的引领下，群众冬季运动项目呈现出快速发展的走势。我国冬季运动项目发展迎来了前所未有的机遇，在"南展西扩东进"战略上获得巨大的成绩。构建的青少年冰雪运动后备人才培养输送体系覆盖了全国 25 个省区市、60 余座城市。全国冰雪场地达到 1520 个，场地面积 6100 万平方米，其中滑冰场地 876 个，占比 57.63%；滑雪场地 644 个，占比 42.37%，全国参与冰雪运动人口占比已超过 15%。数据显示，中国冰雪运动行业规模整体保持稳定增长态势，2021 年中国冰雪运动行业市场规模为 594.9 亿元。在国际奥委会第 139 次会议上，国际奥委会主席巴赫表示：冬季运动将会通过北京 2022 年冬奥会发生巨大的改变，中国已经有三亿人参与了冰雪运动。根据预测，中国冬季运动的市场价值在 2025 年将会达到 1500 亿美元，给全世界的冬季运动发展带来巨大的推动作用。

---

* 原文为何明所作《因势利导进一步提升冬季运动普及和发展水平的思考和建议》，载于教育部《决策咨询专刊》。

二、我国冬季运动项目普及与发展的思考

2022年北京冬奥会的成功举办，结合我国冬奥会项目发展历史揭示出：只有顺应我国政治、经济发展进程，满足人民群众在不同历史发展阶段对冬季运动的需求变化，紧密结合项目发展的规律和特点，进而发挥出不同时期多元的文化功能。冬季运动项目所蕴含的人与自然和谐相处、不畏艰苦、勇于创新的精神与新时代教育内涵相契合。我们以北京冬奥会的举办为轴心，从竞技体育发展、群众体育普及、拓展体教融合等多方面发散思考，因势利导，进一步地提升冬季运动普及和发展水平。

延续北京冬奥会的成就，思考冬季运动项目的竞技发展布局。北京冬奥会金牌榜，挪威队以16金8银13铜成为金牌数与奖牌数双第一，创造冬奥会历史新纪录。挪威人口仅500万，目前有12000家本地的运动俱乐部，在冰雪运动的开展方面起步较早、基础雄厚、优势明显。相比于挪威，我国的冬季运动项目发展是迅猛的，2015年中国申办冬奥成功时，约有1/3的冬奥会项目从未在中国开展过。北京冬奥会，中国代表团共获得104个小项、190多个席位参赛资格，占全部109个小项95%以上，构成了史上规模最大、项目最全的中国冬奥军团。例如高山滑雪项目，2015年前滑降和超级大回转训练在中国还是空白，北京冬奥会上徐铭甫成为历史上首位参加冬奥会高山滑雪滑降比赛并完赛的中国选手。但在北京冬奥会后，我国冬季运动面临更加复杂的国外竞技体育发展形势，面临国际政治、经济、疫情多重形势的新挑战。

面对延续北京冬奥会成就的任务，当前我国冬季运动发展存在的问题主要有：基础薄弱、强项与弱项竞技水平差距大、训练精细化程度不高、后备人才梯队尚未形成。基础薄弱，主要表现为冬季运动依靠自身发展带入人民群众"业余"转"竞技"的普及面远远不够，还需要国家相关部门大力度的政策支持。竞技水平差距较大主要表现为同属大项分类下，有些小项成为夺金点，有些则排名靠后。例如花样滑冰项目，双人滑再次夺金，女子单人滑成绩没有达到自由滑门槛，凸显发展的不平衡。训练精细化程度不高主要表现在队伍训练方法、手段、项目规律以及技战术方面。这需要我们重新规划"强项"与"弱项"的发展。

延续北京冬奥会的政策，思考青少年冬季运动健康高质量发展。对于"体教融合"，北京冬奥会可持续开发的资源库。它使全世界目光聚焦在冰雪赛场，北京冬奥会对各项政策的推广起到重要作用，其中就包括青少年教育。2020年4月27日，中央全面深化改革委员会第十三次会议审议通过《关于深化体教融合促进青少年健康发展的意见》，在文中清晰定义了学校、体校在培养体育人才的不同功能，冬季运动将纳入国民教育体系，义务教育与冬季运动达到深度的融合。

一方面，冬季运动项目要全面建立各类运动俱乐部，建立健全以教育部门为主导、体教共管的新体系，同时设置大中小学相衔接的体育特长生升学制度，借此机会扩大竞技体育后备人才，完善青少年冬季运动竞赛体系。另一方面，拓宽优秀冬季运动项目运动员升学的保障渠道，推进文化教育常态化，保证专业运动员的学习经历具有连续性。以冰上项目运动员为例，高亭宇、范可新、金博洋等北京冬奥会参赛运动员均接受过系统的本科、研究生

教育，这将有助于从根本上培养高知识、高素质、高技能的综合型精英体育人才。我国在20世纪80年代，体教结合的概念提出后一度呼声很高。但实施效果不明显，体育教育目标和价值的问题导向不集中。目前，青少年冬季运动可以成为体教融合的新抓手，不是简单将体育和教育两个部门的资源相加，而是将冬季运动作为终身体育理念的"引子"。延续北京冬奥会对冬季运动的政策导向，以体育人、以冬季运动育人：使冬季运动在体教融合面的综合功能和价值得到更大释放，发挥更重要的作用。

持续北京冬奥会的热度，思考冬季运动"三亿人"发展局面。2022年北京冬奥会的举办缩小了冬季运动发展区域水平差距，推动了冬季运动项目基础设施全面升级、全民参与冰雪热潮喷涌勃发、冬季运动产业结构优化调整。这是对标"十四五"时期国家区域协调发展战略的新目标新要求，中国冰雪运动的参与人数有了突飞猛进式的提升。国家体育总局委托国家统计局开展的统计调查报告。数据显示，从2015年北京成功申办冬奥会截至2021年10月，全国冰雪运动参与人数达到3.46亿人，居民参与率达24.56%。北京冬奥会后，如何保持"三亿人"的参与热情，冬季运动发展方面，需要人民群众运动参与和消费升级意愿不断提升。包括群众性冬季运动赛事在未来发展的重要作用，以群众活动为牵引，进一步丰富冬季运动服务内容，带动相关制造业的转型升级，延伸冬季运动产业链条，促进冬季运动产业整体发展。目前，我国冬季运动发展仍不够社会化，冬季运动达到全面社会化，才能使体育"大国"迈向"强国"，这是冬季运动不断融入国民生活的过程。

持续北京冬奥会的高度，思考冬季运动高校冰雪运动学科建设。冰雪运动学科建设与冰雪体育特色人才培养面临着百年难得的机遇，体育高校应乘势而为，构建新的发展理念与举措。现有的冰雪运动学科建设与冰雪体有特色人才培养存在着缺乏创新、学科基础理论根基不牢固、培养方向不均衡等一系列问题。首都体育学院抓住机遇，成立冰雪运动学院，依托体育学学科和专业发展，通过冰雪专业教学、训练、竞赛、科研与社会服务"五位一体"，着力培养具备国际视野、卓越才能、创新精神的冰雪运动的精英人才。关键人才的匮乏始终是我们未能逾越的障碍，即高层次、高水平、高学位的冬季项目运动员、教练员、科研人员和管理人员等。中国冬季运动项目跻身世界冰雪体育强国的战略目标，高层次人才的培养是重中之重。在关键人才培养问题上，充分发挥冬季项目教学、科研、训练、竞赛和社会服务方面的优势，培养我国冬奥会优势项目高层次人才。在北京冬奥会已有的高度前提下，以纯粹科学研究和为教学、运动队服务的科学研究相结合，以课程建设和冰雪领域研究相结合，以出科研成果和培养冬季运动项目教学科研人才梯队相结合的原则，在体育学的学科范围内，对冰雪运动凝练建设方向。

三、冬季运动项目普及与发展的建议

冬季运动是现代竞技体育重要的内容，是提升国民身体素质的重要手段。2022年北京冬奥会的成功举办，对建设健康中国和体育强国、推动经济社会的全面发展具有重要意义。借此百年机遇，因势利导，进一步提升冬季运动普及和发展水平，形成系统完整、科学有效

的冬季运动发展模式。

一是坚持政策主导。继续针对冬季运动发展出台政策，必须继续坚持顶层设计、总体谋划，找准结合点、切入点和着力点，以北京冬奥会为契机开启冬季运动普及与发展的版图继续扩展。二是坚持科学研究。针对我国冬季运动科技领域资源整合不足、运动关键环节重大创新突破薄弱的现实，推动国家重点科技专项成果示范与应用，推动建设冬季运动重点实验室等科研平台，推动体育院校增强冬季运动科研创新的措施。例如首都体育学院组建了"体育人工智能研究院"和"体医融合创新中心"2个校级直属研究机构，确定体育运动大数据云平台关键技术及构建等9大研究方向，着力打造"体医工"融合发展创新模式，积极发挥"体育智库"作用，规划、提案、调研报告等应用型成果获中央部委和市级部门采纳。学校6支特色科研团队服务国家队备战奥运会、世锦赛屡创佳绩，这些科研成果和科技创新都为冬季运动项目发展提供了坚实的科研基础和保证。通过高校路径加强多学科的交叉融合，冬季运动的发展不能只依靠体育部门，需要高等院校科学加入，紧扣冬季运动发展中重大科技需求，明确体育高等院校的科技助力功能定位和运行机制。三是引入联赛机制。首先，优化学校体育有关冬季运动项目的竞赛组织结构，完善区域竞赛体系，开展区域学校体育竞赛活动。其次，完善社会力量办赛，推动冬季运动学校竞赛、青少年竞赛、职业竞赛的有机结合；引入联赛机制，推动冬季运动竞赛体系的社会化、制度化，使职业体育联赛成为冬季运动发展的金字塔尖。四是深入体教融合。校园冰雪计划的开展，是冰雪运动普及的最有效

方式，是培养青少年冰雪技能、发现冰雪运动"苗子"、发挥体育教育功能的有效手段，是推进高水平人才培养多元化的重要手段。优化"体教融合"的培养体系，打造冬季运动系统、教育系统并行路径，一方面完善"社区—小学中学（高中）大学"冬季运动参与路径；另一方面俱乐部、专业队的选拔下沉到学校层面，在中小学校选拔组建国家队后备人才，形成运动员校园培养机制。五是保持全域发展。北京冬奥周期对冬季运动的"南展西扩东进"进行了详细分解，以京津冀为引领，以东北三省提升发展为基础，发挥新疆、内蒙古等西北、华北地区的后发优势，带动南方地区协同发展，形成引领带动、三区协同、多点扩充的发展格局。以2025年中华人民共和国第十五届运动会为例，通过全运会实现冬夏结合、资源互补、优势互助、促进粤港澳大湾区体育产业和全国冬季运动体育人才高质量发展。未来要打破区域化限制，冬夏项目跨界跨项交叉并行，实现轮转冰、轮转雪，以及极限运动对冬季运动的发展牵引。六是强调市场作用。充分调动社会力量参与到冬季运动产业和建设中，尤其是创新冬季运动项目场地设施供给方式。北京冬奥周期前，冬季运动的参与壁垒主要来自场馆场地供给数量。在北京冬奥基础建设的平台上，加强市场对冬季运动场馆场地配套，提升群众参与冬季运动的便利性。通过市场主动推动冬季运动发展，促进冬季运动在场馆场地与旅游、交通、传媒等相关产业深度融合，形成多元的冬季产业链，引导消费结构升级，为拉动经济增长提供持续动力。七是推进人才培养。通过北京冬奥会的筹办，北京冬奥组委牵头实施的国际优秀人才集聚专项计划、工

作人员队伍建设专项计划、竞赛管理人才开发专项计划、专业技术人才培养专项计划等七大专项计划，已经培养涉及场地设计、竞赛组织等达到奥运会标准的冬季运动人才。同时，首都体育学院也开设了冰雪方向，为2022年冬奥服务提供人才储备支撑，新增冰雪方向招生计划，培养冰雪方向学生700余人，推动在校学生"人人上冰雪"。下一步继续由高校联合牵头，定向培养更多有经验的国际、国内赛事组织人员，包括设施维护管理、制冰造雪、项目技术专家、执裁裁判等人才，满足国内群众性冬季运动开展需要，实现冬季运动项目可持续发展。八是实现终身体育。冬季运动要达到终身体育的目标，将冬季运动变为人生活中始终不可缺少的重要内容，必须强调体育发展"以人为本"使命。冬季运动项目涵盖挑战极限的自由式滑雪、激烈对抗的冰球；同时也包括具有美育功能的花样滑冰、具有休闲功能的冰壶及越野滑雪。我们需要挖掘各项目不同的特征，使冬季运动的参与多样化、全民化。

习近平总书记曾提出：加快建设体育强国，就要坚持以人民为中心的思想，把人民作为发展体育事业的主体，把满足人民健身需求、促进人的全面发展作为体育工作的出发点和落脚点，落实全民健身国家战略，不断提高人民健康水平[1]。冬季运动普及和发展最终目标落点在"人"，回归体育是依托身体进行教育的本源，充分发挥体育促进人的全面发展。人民群众在参与冬季运动过程中强健体格、激发自我奋斗精神，实现终身体育的教育使命。

2022年北京冬奥会的申办、筹办、举办让我国实现了竞技体育的成绩突破，完成了"带动三亿人参与冰雪运动"的目标，兑现了对国际社会安全办赛的庄严承诺。希君生羽翼，一化北冥鱼，未来的中国冬季运动发展，将以北京冬奥会的火焰为源，不断发展与成熟，最终成为推动社会和谐进步、体教融合、经济发展的巨大力量。

执笔人：何　明

---

① 《加快建设体育强国步伐，总书记这样强调》，求是网，2022年4月9日。

北京市冰雪体育产业发展的现状、困境与路径 *

目前还没有关于冰雪体育产业的共识性概念。作者认为，冰雪体育产业是以冰雪资源为依托，以冰雪运动消费与冰雪文化活动消费为主，以区域性旅游、物流、资金流、信息流等的增长促进冰雪体育消费的经济形态，包括冰雪旅游、冰雪运动体验、冰雪运动装备制造业以及围绕这些产生的相关经济形态。以北京冬奥会、冰雪产业、冰雪经济、冰雪资源等为关键词，在中国知网全文数据库、国家图书馆网站检索到 2022 年 1 月以前发表的相关文献共计 150 篇，作者对以上文献进行了分类与分析研究；同时，围绕北京市冰雪体育产业发展的现状、困境、路径，对 20 多位北京市体育产业、冰雪运动领域的专家、学者及管理人员进行了面对面访谈和电话访谈，获取了本研究的重要参考资料。

我国在 2015 年成功申办北京 2022 年冬奥会和冬残奥会后，在筹办和举办北京 2022 年冬奥会和冬残奥会的几年中，我国的冰雪经济快速发展，冰雪体育产业体系逐步形成。国家体育总局于 2018 年发布的《"带动三亿人参与冰雪运动"实施纲要（2018—2022 年）》中提出，到 2022 年，群众性冰雪运动广泛开展，实现"带动三亿人参与冰雪运动"的总体目标。有调查显示：截至 2021 年 10 月，全国参与冰雪运动的人数已达到 3.46 亿，全国冰雪旅游收入约为 5970 亿元，比 2018 年和 2019 年冰雪季分别增长了 20.7% 和 22.3%，可见，冰雪旅游这一经济形态保持了较快的发展势头。在这几年中，我国有许多滑雪场建成并投入运营，冰雪产业的市场规模迅速扩大。

为了促进冰雪运动发展，着力打造北京的"城市名片"，充分展现"双奥之城"的风采，北京市人民政府于 2016 年率先发布了《关于加快冰雪运动发展的意见（2016—2022 年）》，并明确了冰雪工作的 7 项核心任务——群众冰雪、竞技冰雪、青少年冰雪、冰雪体育产业、冰雪赛事、冰雪场地及设施、冰雪运动人才。之后，北京市人民政府于 2020 年在《关于以 2022 年北京冬奥会为契机大力发展冰雪运动的意见》的基础上又对"1+7"文件进行了修改完善，形成了"政策 2.0 版"，对冰雪体育产业的发展进一步加强了政策引导。北京市作为全球首个"双奥之城"，凭借 2022 年冬奥会的契机进入了冰雪体育产业发展的"黄金时期"，在"三亿人参与冰雪运动"目标的推动下，北京 2022 年冬奥会的成功举办极大地激发了北京市的冰雪体育市场活力。在后冬奥时期，如

* 原文为骆秉全、冯国有、骆同所作《北京市冰雪体育产业发展的现状、困境与路径》，载于《首都体育学院学报》2022 年 11 月第 34 卷第 6 期第 641 页。

何进一步促进北京市冰雪体育产业发展成为一个重要的课题。

研究方法

文献研究法

围绕研究主题和研究内容，通过中国知网优秀博硕士论文数据库、北京市政府网站、北京市体育局网站等，以北京冬奥会、冰雪体育产业、冰雪经济、冰雪资源、冰雪体育消费等为关键词检索和收集了与本研究有关的文献资料，包括冰雪体育产业发展理论、冰雪经济发展、冰雪资源与冰雪体育消费等方面的期刊论文、图书、报纸、网站信息、会议记录等，对以上资料进行鉴别、分类、归纳、整理，为本研究在理论和方法上提供了支撑。

比较研究法

通过梳理所收集的资料，在掌握一定的国内外冰雪体育产业发展的事实数据和相关信息的基础上，特别是在北京 2022 年冬奥会对北京市冰雪体育产业发展产生了巨大推动效应的背景下，结合中国冰雪体育产业的相关政策，厘清北京市冰雪体育产业发展的现状、困境与路径之间的逻辑关系，并进行顺次的、逐步的分析，为促进北京市冰雪体育产业发展提供相关建议。

实地调查法

实地考察了北京市冰上项目训练基地、"冰立方"、国家速滑馆、首都体育馆、五棵松体育馆、国家跳台滑雪中心、延庆国家高山滑雪中心、国家雪车雪橇中心，以及"2022 年北京冰雪消费地图"推出的 22 条北京冰雪主题游路线，并且观看了北京市青少年冰球俱乐部联赛的部分比赛，收集了本研究所需的一手资料。

北京市冰雪体育产业发展的现状

冰雪体育产业体系已经建立，政策体系正在逐步形成

冰雪体育产业体系已经建立。自 2015 年北京成功申办 2022 年冬奥会和冬残奥会以来，北京市政府积极推动冰雪产业体系建设，并使冰雪产业规模不断扩大。其中：滑雪场实现了多元化经营，滑雪产业链不断延伸；滑冰场已经成为北京市商业综合体的"标配"，并促进了冰雪运动与多种商贸活动的融合；越来越多的国际冰雪运动装备生产和销售企业进入北京市的冰雪体育市场。在北京 2022 年冬奥会和冬残奥会举办时，北京市基本建成了布局合理、优势突出、功能互补、发展有序、保障有力的冰雪体育产业体系，以冰雪运动健身与休闲、冰雪体育竞赛表演、冰雪旅游、冰雪运动培训、冰雪运动装备生产与销售等服务为重点的冰雪体育产业结构与冰雪体育产业链基本形成。据相关统计显示，在这几年中，北京市的冰雪体育产业及相关产业规模实现了快速增长，截至 2022 年，冰雪体育产业收入已达 400 亿元左右，实现增加值 80 亿元左右。此外，冰雪体育产业与相关产业融合的业态在不断出现，例如：冰雪体育产业与旅游业的融合、冰雪运动与制造业的融合、冰雪体育产业与培训业的融合、冰雪体育产业与新型材料生产的融合、冰雪体育运动与信息技术的融合等，尤其是冰雪体育产业与数字产业的融合对北京 2022 年冬奥会和冬残奥会践行"科技冬奥"理念发挥了巨大作用。

冰雪体育产业政策体系在逐步形成，并推动了北京市冰雪体育消费市场的形成。为了激

发冰雪体育市场活力，北京市政府加强政策引导，修订和完善了《北京市新建体育场馆补助资金管理办法》，并在其中提出：鼓励民营企业和社会资本投资建设体育场馆设施；而且于2021年发布了《北京市人民政府办公厅关于促进全民健身和体育消费推动体育产业高质量发展的实施意见》，并提出了引导冰雪运动消费的相关支持措施。在2020年5月新冠疫情快速蔓延期间，北京市政府出台了《北京市人民政府办公厅关于应对新型冠状病毒感染的肺炎疫情影响促进中小微企业持续健康发展的若干措施》。北京市体育局为了促进北京市冰雪经济发展，组织了10余个大型商业综合体、50余个冰雪场馆、100余家企业举办了系列冰雪主题促销活动，促进了冰雪运动培训、冰雪旅游、冰雪运动用品会展等业态的发展，培育了北京市的冰雪体育消费市场。例如：2020年服贸会以"实现与国际冬季运动资源对接，拉动中国冰雪产业发展"为宗旨，突出冰雪产业在现代全球服务贸易中的重要作用，该次服贸会的冬季运动专题展中组织举办了20余场国际论坛，近25000人参与贸易洽谈，参观人数可达20万人次。为应对新冠疫情对冰雪体育消费市场产生的不利影响，北京市体育局与北京市财政局会商后，确定对51个符合条件的滑雪场和滑冰场一次性补贴水电成本共计1827.93万元，进一步稳定了北京市的冰雪体育供给市场。

冰雪体育场馆数量快速增长，供给能力进一步提高

在筹备北京2022年冬奥会和冬残奥会的几年中，北京市的冰雪运动场地及设施快速建设和完善，建成了北京市冰上项目训练基地、国家速滑馆、国家跳台滑雪中心、延庆国家高山滑雪中心、国家雪车雪橇中心等场地及设施。国家速滑馆——"冰丝带"、首钢滑雪大跳台——"雪飞天"等已经成为其所在区域的地标性建筑。有相关统计数据显示，截至2022年1月底，北京市冰上项目训练基地建成并投入使用，全市1800平方米以上的标准冰面数量达到了49块。从2018年开始，北京市有条件的学校都可以建设滑冰馆；公园、广场、社区等都可以建设可拆装式滑冰场；老旧楼宇、旧厂房等都可以改建为滑冰场地。这都能为促进冰雪体育消费升级创造条件，并且对冰雪运动在北京市各区的普及能起到推动作用。例如：东城区政府整合东城区体育局内部场地资源，改建了3处冰上运动场地，包括将地坛体育中心的地下跑廊改建成冰壶场地、将天坛体育活动中心已有露天篮球场改建为滑雪训练场以及将天坛体育活动中心已有篮球馆改建为滑冰场。由此可见，北京市的冰雪体育场馆供给能力有了质的变化。此外，在举办北京2022年冬奥会和冬残奥会时，有112项与奥运会场馆、冰雪运动场地相关的新技术落地应用，并在北京2022年冬奥会和冬残奥会的各种场景中作出应用示范。在北京2022年冬奥会和冬残奥会结束后，这些创新技术成果在北京广泛应用于经济及城市建设的相关领域。

群众性冰雪运动蓬勃发展，冰雪体育市场规模逐渐扩大

据相关统计数据显示，北京市从2015—2022年组织举办了7届"市民快乐冰雪季"活动，累计开展了各级各类群众性冰雪活动2万余场次，参与主体达到了3100余人次。北京市为了进一步满足广大市民参与冰雪运动的需求，研制了"2022年北京冰雪消费地图"并在线上发布，推出22条"北京冰雪主题游"路线，整合了北京市近百个冰雪运动休闲目的地，有效推动了传统冰雪体育消费的数字化升级，提高了冰雪运动参与度和促进了冰雪体育消费。此外，北京市的"冰雪运动特色学校"和"奥林匹克教育示范学校"均达到了200所，并且连续举办了6届北京市中小学生冬季运动会，参与人数达到1700余人。"冰雪运动进校园"已覆盖北京市的16个区，中小学生上冰上雪人数已经达到210万余人次。

北京2022年冬奥会和冬残奥会的举办使冰雪体育市场出现了新的消费热点。例如：冬奥特许纪念商品销售额成倍增长，"冰墩墩一墩难求"现象成为公众的热议。在2022年第一季度，北京市居民滑雪与滑冰的消费频次同比增加近3成，体育健身活动等相关服务的消费支出同比增长59%。在2022年1—2月，规模以上体育行业收入同比增长26.6%，其中，花样滑冰鞋、速滑冰刀鞋、冰球杆、冰球鞋等成交额同比增幅明显。在2022年春节期间，北京市冰雪体育场馆接待量达到740000人次，同比增长253%。同时，北京市体育局还免费向市民发放"冰雪运动公益体验券"，进一步提高了北京市居民的冰雪运动参与度。自2020年以来，随着北京市冰雪经济的发展，北京地区的居民购买冰雪运动相关的保险产品累计额度达到3208.64亿元。

冰雪体育赛事体系逐步完善，冰雪运动竞技水平逐渐提高

近年来，北京市举办的冰雪体育赛事主要有国际性单项冬季项目赛事、全国性单项冬季项目赛事、群众性冰雪体育赛事、青少年冰雪体育联赛，并且冰雪体育赛事体系在逐步完善。这一赛事体系包括2020年冰壶世界杯总决赛、2019—2020年国际雪联高山滑雪世界杯、2019年全国冰球锦标赛、单板滑雪大跳台世界杯决赛等在内的高水平冰雪体育赛事和包括北京市中小学生校际冰球联赛、北京国际青少年冰球邀请赛、京津冀青少年冰球邀请赛等在内的青少年冰雪体育赛事。其中，在2020年，北京市主要举办了U系列冰壶冠军赛和锦标赛、U系列花样滑冰冠军赛和锦标赛、U系列短道速滑冠军赛和锦标赛，以及北京市中小学生校际冰球联赛，并且培育了6支市级青少年冬季项目运动队、125支区级青少年冬季项目运动队，此时已经形成一定的冰雪体育赛事规模，而且在2018年时就已有105所学校的120支代表队参加了北京市中小学生校际冰球联赛。在2021年，北京市举办了青少年U系列短道速滑冠军赛、花样滑冰冠军赛、滑雪冠军赛、冰壶冠军赛以及北京市中小学生校际冰球联赛，有25个俱乐部的近3600名青少年参加了青少年冰球俱乐部联赛，比赛场次达到1224场，赛事规模继续保持亚洲第一。同时，北京市还统筹举办了36场青少年锦标赛、25场U系列冠军赛、13场体育传统校比赛，后备人才竞技水平和教练员业务能力实现了"双提高"。

北京市冰雪体育产业发展的困境

冰雪场馆供给不平衡，冰雪运动场地及设施还需加强建设

从北京市整体而言，奥运会场馆、延庆赛区冰雪运动场地的统筹使用不够，并且还需要加强建设冰雪运动场地及设施。有的区冰雪

体育场馆数量严重不足，而且难以满足居民日益增长的冰雪运动需求。同时，有些冰雪体育场馆运营方式相对单一，滑雪场和滑冰馆的公共服务水平有待提高，滑雪场的四季旅游资源开发明显不充分，并且与其他类型旅游融合不够。

冰雪体育行业质量标准不完善，促进冰雪体育产业发展的微观政策措施有待完善

对冰雪产业产值的统计范围不清晰，滑冰馆的建设质量标准、各类冰雪运动装备与冰雪运动器材的生产质量标准等还不完善。同时，尽管北京市有些区制定了冰雪体育产业发展政策，但是政策措施大多以引导产业发展为主，支持冰雪运动装备与器材制造业、冰雪旅游业、冰雪体育竞赛表演业等业态发展的具体措施有待进一步完善，并且北京市的冰雪体育消费需求差异大，对冰雪体育市场主体和体育社会组织的激励机制不完善。从资金扶持而言，目前由北京市属企业设立的与冰雪体育产业相关的基金仅有3个，即首钢冰雪产业基金、冰雪文化公益专项基金、北体大冠军体育产业投资基金。这些基金重点用于支持普及冰雪运动、培养冰雪运动人才等。此外，还有一些上市公司进入了冰雪体育市场，但是从北京市的冰雪体育产业发展现有需求与潜在需求而言，社会资本和体育社会组织推动冰雪体育产业发展的动力明显不足。

冰雪体育市场主体的科技创新能力不足、发展动力不大

科技是冰雪体育产业发展的不竭动力，促进冰雪体育产业发展不可忽视科技创新。从冰雪赛道、滑雪场到冰雪运动服装、冰刀的创新都离不开科技支撑。当前，智能科技已经成为冰雪体育产业发展的重要助力。例如：体育人工智能设备可以测量及分析人体运动学及动力学参数，可以收集、筛选、分析运动员的速度、心率、发力方式等一系列量化数据。5G等技术在虚拟现实场景方面的应用将会改善消费者观赏冰雪体育赛事的视觉体验，目前有些具备"现场拍摄—云端处理—客户端交互"技术链路的可穿戴设备已进入市场，可以使消费者从不同角度和方位观赏冰雪体育赛事。智能化人机交互技术、VR技术则会使观看冰雪体育赛事和体验冰雪运动不再受气候和地理空间的限制，能满足居民体验冰雪运动、线上观看冰雪体育赛事的多样化需求。但是，北京市的冰雪体育市场主体在冰雪运动装备制造、冰雪体育赛事数据统计与分析、冰雪运动体验方面的科技创新才刚起步，目前的冰雪体育市场主体的科技创新能力还不足，尚未形成促进冰雪体育产业发展的合力。无论是在冰雪体育用品研发方面，还是在冰雪体育领域投资的相关政策方面，都存在统筹发展不足和不够重视的问题，并且科技创新政策对冰雪体育产业的支持力度还不大，北京市冰雪体育市场主体发展动力明显不足。

冰雪体育专业人才培养需求增加，北京市居民对冰雪运动的认知水平还需提高

北京2022年冬奥会和冬残奥会的筹办不仅为北京市培养了一些高水平冰雪运动人才，而且培养了一批优秀的冰雪体育方面的经营和管理人才。但是，从北京市的冰雪体育产业发展而言，冰雪运动专业人才目前还较为短缺，其中，冰雪体育企业经营与管理者、冰雪运动教练员、冰雪运动方向的新闻专业人才较为匮乏，尤其是冬季项目裁判员、冰雪运动专项教

师、冬季项目社会体育指导员、造雪师、制冰师、冰雪体育场馆运营与赛事组织人员等专业人才完全满足不了目前的需求。与此同时，北京市的冰雪体育培训业还处于起步阶段，没有行业标准，培训教师大部分没有培训资质，冰雪体育培训业的发展潜力还没有充分挖掘出来。虽然经过筹办北京 2022 年冬奥会和冬残奥会，北京市通过新闻媒体宣传和组织活动极大地提高了北京市居民对冰雪运动的认识水平和参与度，促进了冰雪运动的普及和冰雪经济的发展，但是就冰雪体育产业发展现状而言，北京市居民对冰雪运动的认知以及冰雪运动的普及还没有达到应有的程度，还需要进一步加大对冰雪运动的宣传力度，由政府和市场主体共同驱动冰雪体育消费升级。

促进北京市冰雪体育产业发展的路径

加强顶层设计，调整冰雪体育产业发展定位

首先，以习近平新时代中国特色社会主义思想为指导，构建北京市冰雪体育产业的新发展格局，进一步整合北京市的冰雪优势资源，探索由"冰天雪地"向"金山银山"转化的路径，发展冰雪体育赛事、冰雪体育文化产业、冰雪旅游业等业态，为北京市的冰雪经济发展增加新优势、注入新动能、启动新引擎。

其次，应进一步加强顶层设计，完善北京市冰雪体育产业中长期发展规划。①推动冰雪体育赛事、冰雪体育文化产业、冰雪旅游业与相关产业的深度融合，促进冰雪体育产业的上下游产业联动发展，延伸冰雪体育产业链、价值链、创新链，完善冰雪体育产业体系。②科

学布局、协同推进、立体实施，在北京市集中建设一批冰雪运动示范区、冰雪体育文化承载区、冰雪体育产业集聚区、冰雪旅游度假地，并打造为国际化的后冬奥冰雪经济示范区。

最后，发展冰雪体育产业的基础是大众冰雪运动的普及。因此，①应引导相关新闻媒体加大对群众性冰雪运动的宣传力度，引导冰雪体育消费。②建设各具特色的冰雪体育场馆，支持体育社会组织创办冰雪运动培训机构，鼓励其举办群众性冰雪体育赛事。③要深入开展校园冰雪运动，建设"冰雪运动特色学校""奥林匹克教育示范学校""高校高水平冰雪运动队""冰雪运动试点区"，形成协同推进冰雪运动进校园的新格局，并且要进一步完善青少年冬季项目 U 系列赛事体系，把北京市冬季运动会办出特色、办出水平；同时，要以北京市中小学生校际冰球联赛、青少年冰球俱乐部联赛为冰雪体育竞赛表演市场打好基础。④要组织开展适合广大居民参与并体现北京文化特色的冰雪运动健身活动，举办一些小型而多样的冰雪运动普及推广活动，发展适合不同人群参与的冬季项目，为居民提供优质而多样的冰雪体育用品和相关服务，进一步促进居民参与冰雪运动。

进一步加强基础设施和配套服务设施建设，筑牢冰雪经济发展基础

首先，进一步完善冰雪体育产业基础设施，有序地、适当地新增室内滑冰场地、室外滑冰场地及滑雪场，增加冰雪运动场地供给。①加大冰雪旅游基础设施建设，完善冰雪旅游区的公共交通基础设施和提高冰雪旅游接待能力，构建覆盖全北京市的高铁、公共交通旅游路网，为一部分冰雪旅游景区和乡村冰雪旅游

点增设公共交通站点，以一体化的、便利的、快捷的、无障碍的旅游交通基础设施提高冰雪旅游景区的交通便利度。②进一步完善通信网络基础设施，促进冰雪运动与互联网技术等新科技要素融合，以及促进冰雪体育产业与数字技术等数字经济要素融合发展。③应支持现有冰雪体育场馆进行改建或增容扩建，增强冰雪体育场馆设施的功能与提升设施配置水平，加强冰雪体育场馆周边的交通、餐饮、住宿等配套服务设施的建设。

其次，要推动冰雪体育产业与旅游业、会展业、文化产业等相关产业的融合发展，引导北京市各区发挥区位优势，依据各自的自然条件和经济发展水平，促进冰雪产业内部细分产业的错位发展。在北京市城六区以各类滑冰场为基础，打造冰上运动健身和教学训练核心区；在北京市远郊区以现有滑雪场为依托，打造以体育休闲与健身为主的"滑雪带"；以北京市各级各类冰上场地和嬉雪场地为依托，构建分布广泛的冰雪运动场地及设施信息服务网，形成冰雪运动重点发展区域，促进北京市冰雪体育场馆的供给平衡。

最后，要根据不同年龄段的冰雪运动参与者的特点和需求建设不同的冰雪运动场地及设施，并且要增强服务功能、提高服务质量，满足居民体验冰雪运动、通过冰雪运动健身、观看冰雪体育赛事等多维度的需求。

引进和培育影响力较大的国际冰雪体育赛事，拓宽冰雪旅游休闲产业发展路径

引进和培育影响力较大的国际冰雪体育赛事是促进北京市冰雪经济发展的重要手段。首先，要充分发挥冬奥会场馆遗产的作用，着力培育高水平冰雪体育赛事运营团队，充分发挥

国际冰雪体育赛事对建设北京国际交往中心的促进作用，并且要积极申办譬如高山滑雪世界杯、单板滑雪大跳台世界杯等具有国际影响力的冰雪体育赛事，同时也要发挥冰雪北京大跳台世界杯、越野滑雪积分大奖赛、北京市青少年 U 系列冠军赛、北京市中小学生校际冰球联赛等赛事对北京体育文化建设的作用。其次，要鼓励北京市的冰雪体育市场主体举办商业性冰雪体育赛事，并要培育一些世界性冰雪体育赛事。最后，要拓宽北京市的冰雪旅游产业发展路径。例如：推出一些满足不同人群需求的群众性冰雪体育休闲项目；推动北京市城区建设"冰雪体育健身圈"；建设一些具有北京特色的冰雪旅游基地或冰雪旅游路线，打造北京市的冰雪运动竞赛表演与休闲消费目的地。

打造北京市冰雪体育产业集群，促进京津冀三地冰雪体育产业联动发展

北京市各区的冰雪体育市场主体应将冰雪运动与北京市的旅游业、休闲体育业、会展业等相关产业进行融合，形成别具一格的北京特色冰雪运动文化，走出一条冰雪产业内部细分产业差异化发展之路。此外，北京市政府要致力于打造由滑冰赛事中心、冰雪运动体验中心、冰雪体育用品销售和会展中心、冰雪运动科技创新中心、冰雪运动培训中心、冰雪资源整合与服务中心构成的冰雪体育产业集群。一方面，以京津冀区域相关平台为依托，促进京津冀联动发展冰雪体育产业和建立冰雪体育市场主体合作机制，融入京张体育文化旅游带建设，促进京津冀区域冰雪经济协同发展。另一方面，应将北京市的冰雪体育产业打造为京津冀区域冰雪体育产业发展的枢纽，促进河北省的冰雪运动装备制造基地建设和带动京津冀冰

雪体育产业发展。

增加冰雪体育文化产品供给，促进冰雪体育科技创新

首先，要增加冰雪体育文化产品供给。①在制造具有北京特色的冰雪体育文化产品时，可以将"老北京"文化产品与冰雪体育文化融合。②在设定北京冰雪体育文化旅游路线、创新北京冰雪体育文化IP、打造"北京冰雪旅游文化名片"时，应突出主题、形成精品和系列。③可以建设一些冰雪运动主题公园、冰雪体育文化创新基地，促进冰雪体育产业与影视演艺业融合发展。④可以促进数字技术与冰雪体育文化产品融合，创造出全新的学习和体验冰雪运动的智能产品，增加数字化冰雪体育文化产品供给。

其次，促进冰雪体育科技创新。①要充分发挥科技创新企业的优势，推动人工智能、大数据分析技术、物联网等新技术在冰雪运动装备制造业中的应用，发展智能冰雪体育用品制造业，打造智能冰雪体育产业集群。②要鼓励研制具有较高科技含量的冰雪运动装备，构建智能冰雪运动装备制造产业链。③要促进北京市的冰雪运动装备制造企业与冰雪运动器材制造企业进行智能冰雪体育用品的联合研发。④要加强产、学、研合作，例如：合作研制冰雪运动器材、可穿戴式智能冰雪运动装备等。

优化冰雪体育经济实体的营商环境，加大促进冰雪体育产业发展的金融政策扶持力度

冰雪体育产业发展同样要由市场在资源配置中起决定性作用。

首先，要遵循冰雪体育消费市场规律，壮大冰雪体育市场主体规模。①要打造冰雪体育产业高地，建立和健全优化冰雪体育企业营商环境的相关工作机制。②要搭建冰雪体育经济实体交易平台，举办以冰雪体育用品为主的国际会展、经贸洽谈会等推介活动，促进关于冰雪体育用品的贸易合作。③要加快完善北京市冰雪体育行业质量标准体系，制定和完善冰雪体育场馆的建设、运营、公共服务、安全管理的相关标准和办法。④要建立和健全冰雪体育产业发展监测机制，参考《体育产业统计分类（2019）》完善北京市冰雪体育产业统计制度，定期按照评价指标进行统计与分析，用以指导各区开展工作。

其次，要加大促进冰雪体育产业发展的金融政策扶持力度。①可以建立财税和金融扶持机制，鼓励社会资本出资设立冰雪体育产业发展基金。②完善促进冰雪体育产业发展的金融政策，鼓励冰雪体育经济实体发展。③要将冰雪运动场地及器材、冰雪体育用品、冰雪体育赛事等的关键技术纳入国家重点支持的科技攻关基金资助范畴，对具备条件的体育社会组织或相关企业给予有关政策支持。④可以划拨一定比例的体育彩票公益金作为引导资金，对北京市重点建设的冰雪体育场馆、冰雪运动装备制造企业给予重点扶持。

加强冰雪体育产业人才培养，增加冰雪体育产业人才储备

一是加强企业与高校在冰雪体育产业人才培养方面的深度合作，通过"产学融合"和校企合作共同完善冰雪产业人才培养体系。二是相关体育协会要针对冰雪产业人才进行职业技能认证，提高冰雪体育产业领域从业者的职业技术水平或职业技能水平。三是加强冰雪体育产业方向的经营管理人才的培养，发挥体育院校的优势，培养冰雪体育产业专业人才，并且要开发冰雪运动课程，推动建立产、学、研、用相结合的冰雪体育产业人才培养模式。四是鼓励冰雪体育场馆、冰雪运动装备生产企业为高校冰雪体育产业相关专业学生提供实习机会并联合培养高技能冰雪体育产业所需人才。五是继续推进"冰雪运动进校园"，设立"冰雪运动特色校""冰雪运动示范校"，并且要加强这些学校冰雪运动方面的师资培训，鼓励现有在职体育教师参加冰雪运动技能培训。

发挥延庆区的资源优势，建设国际滑雪度假旅游胜地

延庆要着力打造国际滑雪度假旅游目的地。①对标国际滑雪度假旅游目的地，将延庆区的国际滑雪度假旅游区建设成国际知名的滑雪度假旅游目的地，促进延庆区与张家口的滑雪度假旅游区在北京2022年冬奥会和冬残奥会赛后形成差异化发展格局，并进一步促进京张体育文化旅游带的建设。②进一步完善延庆区的公共交通基础设施、通信网络设施及滑雪、度假、旅游配套服务设施，建设住宿、餐饮、购物等日常生活功能完备的区域性滑雪旅游度假服务综合体，形成1小时即可到达滑雪场的"环京带"。③依托延庆区的资源优势打造国际冰雪体育赛事，制定举办国际性和全国性的高山滑雪赛事规划，在北京2022年冬奥会和冬残奥会时已建成的高山滑雪赛道、训练滑道或雪道、与冬奥村连接的滑雪道的基础上，形成滑雪训练和教学的闭环管理区，并且要将延庆区打造成以北京冬博会为样板的国际会议举办地。④统筹整合延庆区的旅游资源，增设旅游路线，提高滑雪度假旅游服务的质量，将延庆区滑雪度假旅游区打造成四季滑雪度假旅游胜地。

结束语

目前，我国的冰雪体育产业还处于发展初期，北京2022年冬奥会和冬残奥会的举办为北京冰雪经济的发展创造了契机。北京2022年冬奥会和冬残奥会成为北京市冰雪经济发展的新起点，在后冬奥时期如何进一步推动北京市的冰雪体育产业发展需要系统而科学地谋划。必须转变观念、加强顶层设计、做好冰雪体育产业发展规划，深入挖掘北京市的冰雪资源，加强冰雪运动场地及设施建设，建立和完善冰雪体育行业质量标准，完善冰雪体育产业发展扶持政策，建立和健全体育社会组织与企业进入冰雪体育市场的体制机制，加强冰雪体育产业人才培养，加大智能冰雪运动装备的研发力度，探索建立"冰雪运动＋旅游""冰雪运动＋文化""冰雪＋体育"等冰雪体育产业发展新模式。随着政策的扶持、资金的投入、北京市居民的冰雪运动参与度的提高，以及北京市的冰雪体育市场体系和冰雪体育产业链的进一步完善，可以预见，冰雪经济在北京市将会成为增量经济。

执笔人：骆秉全　冯国有　骆　同

北京冬奥精神是中华优秀传统文化的时代彰显 *

党的二十大报告指出：坚守中华文化立场，提炼展示中华文明的精神标识和文化精髓，加快构建中国话语和中国叙事体系，讲好中国故事、传播好中国声音，展现可信、可爱、可敬的中国形象。伟大的事业孕育伟大的精神，伟大的精神推进伟大的事业。面对在新冠疫情等风险挑战，中国圆满兑现了"两个奥运，同样精彩"的承诺，为世界奉献了一届简约、安全、精彩的奥运盛会。对此，习近平总书记在北京冬奥会和冬残奥会总结表彰大会上的讲话中指出：北京冬奥会和冬残奥会广大参与者珍惜伟大时代赋予的机遇，在冬奥申办、筹办、举办的过程中，共同创造了胸怀大局、自信开放、迎难而上、追求卓越、共创未来的北京冬奥精神。① 北京冬奥精神根植于中华优秀传统文化的深厚土壤，传递了深厚的中华文化底蕴：心系国家、勇于奉献的爱国情怀；刚健自强、顽强拼搏的奋斗精神；以和为贵、和而不同、兼收并蓄的包容理念。

心系国家、勇于奉献的爱国情怀

北京冬奥会和冬残奥会筹办举办是一项系统工程，涉及方方面面的工作，需要有关部门团结一心、通力合作。冬奥 7 年艰辛，全部参与者胸怀大局，心系国家，勇于奉献，以强烈的责任感、使命感、荣誉感出色完成了各项任务。广大的冬奥建设者发扬工匠精神，打造了巧夺天工、世界一流的场馆设施，办赛人员严谨专业完成赛事组织工作，赛会服务保障人员热情周到服务，医疗防疫人员筑起牢不可破的安全屏障，城市保障人员用心守护城市的每一处角落。广大人民解放军指战员、武警部队官兵、公安干警和消防救援队伍指战员承担"急难险重"任务，文艺工作者、科技工作者、设计工作者、新闻工作者、外事工作者、气象工作者以及其他各条战线上的全体工作人员坚守各自岗位，默默奉献付出。闭环内数万名工作人员，舍家忘我、坚守数月，展现了感动人心的精神风貌和责任意识。广大志愿者用青春和奉献提供了暖心的服务，保障了各项赛事的顺利开展，这是中华民族勇于奉献精神的集中体现。

几千年来，在家和国关系的问题上，中国人历来推崇国而忘家、公而忘私的集体主义观念，这种文化基因塑造了一代又一代中华儿女忧国忧民、以身许国、精忠报国的爱国情怀。"天下兴亡，匹夫有责""苟利国家生死以，岂

---

* 原文为李春治所作《北京冬奥精神是中华优秀传统文化的时代彰显》，载于前线客户端。
① 《北京冬奥会冬残奥会总结表彰大会隆重举行　习近平发表重要讲话》，新华社，2022 年 4 月 8 日。

因祸福避趋之"等先贤嘉言，生动诠释了中华民族爱国情怀的内在禀赋。北京冬奥会和冬残奥会期间，心系国家、勇于奉献的爱国情怀得以充分展示，"冬奥梦"和深厚爱国情怀精彩交织，汇聚起实现中华民族伟大复兴的强大力量。

刚健自强、顽强拼搏的奋斗精神

北京冬奥会和冬残奥会筹办以来，面对严峻形势，在以习近平同志为核心的党中央坚强领导下，各有关部门、各省区市团结协作、攻坚克难，坚持底线思维、问题导向，增强忧患意识，把防范化解风险挑战摆在突出位置，下好先手棋，打好主动仗。全体办奥人员保持苦干实干、坚韧不拔的昂扬斗志，付出艰苦卓绝的努力，出色完成了各项工作任务。冬奥赛场上，中国运动员坚忍执着，勇于挑战，突破极限，弘扬刚健自强、顽强拼搏的奋斗精神，书写了中国冰雪运动的新篇章。

"天行健，君子以自强不息。"在中华民族顽强不屈的奋斗史中，刚健自强、顽强拼搏的奋斗精神凝聚为中华民族世代相传的传统美德和优秀品质，成为中华优秀传统文化的重要内容。顽强拼搏是中华体育精神的主要内容之一，充分体现了迎难而上、追求卓越的中华民族精神和中华优秀传统文化。中国运动员在冬奥赛场上的顽强拼搏，让"更快、更高、更强——更团结"的奥林匹克格言更加熠熠生辉。

以和为贵、和而不同、兼收并蓄的包容理念

北京冬奥会和冬残奥会成为世界感知中华文化新的重要窗口。一直以来，中国秉持"亲仁善邻""协和万邦"的观念。中国人民始终与世界各国人民友好相处，以爱好和平的良好民族形象展现于世界。北京冬奥会如期举行，世界上20余个国家的元首、政府首脑和王室成员出席，共同见证了北京冬奥会的盛况。北京冬奥会和冬残奥会传递着相通的情感，促进了不同文化之间的包容理解。赛场上，中外运动员相互激励、友好互动的故事不胜枚举，彰显了中国人民的真诚友善。北京冬奥会和冬残奥会是一场文明交流互鉴的盛会。从充满文化韵味的"二十四节气"倒计时，到脱胎于篆刻、书法的冬奥标识；从创意源于西汉长信宫灯的冬奥会火炬接力火种灯，到取自《千里江山图》的冰场挡板图案，中华文化和冰雪元素交相辉映，中华文明与奥运文化和合共生，闪耀冬奥舞台，彰显了中华民族雍容大度、开放包容的文化基因，写下文明交流互鉴的新篇章。

"礼之用，和为贵""君子和而不同"。中华民族是一个爱好和平的民族，深知和平的珍贵。中国始终推崇"以和为贵"的理念，主张贵和尚中、和而不同。在中华文明发展的过程中，以和为贵、和而不同、兼收并蓄成为中华优秀传统文化的内在禀赋和鲜明特点，也体现出中国自信开放，携手世界共创未来的美好愿望。以和为贵、和而不同、兼收并蓄的包容理念与互相了解、友谊、团结、公平竞争的奥林匹克精神，其宗旨是一致的，充分体现出中华优秀传统文化与奥林匹克精神的高度契合。

执笔人：李春治